경남대 극동문제연구소 북한연구 시리즈 47

글로벌 거버넌스와
북한의 법 체제전환 전망

윤대규 엮음

한울
아카데미

이 도서의 국립중앙도서관 출판예정도서목록(CIP)은 서지정보유통지원시스템 홈페이지(http://seoji.nl.go.kr)와
국가자료공동목록시스템(http://www.nl.go.kr/kolisnet)에서 이용하실 수 있습니다.
(CIP제어번호: CIP2016026911)

서문

경남대학교 극동문제연구소는 지난 2005년부터 한국연구재단의 지원을 받아 9년간 북한의 체제전환에 대한 연구를 수행했다. 본 연구소의 중점연구는 '분석 수준'에 따라 3단계로 구성되어 있다. 최초 1단계(북한의 체제전환과 국제협력, 2005.12~2008.11)는 북한의 '국내적 수준'에서의 체제전환을 비교사회주의 시각에서 고찰하는 것이었다. 이어서 2단계(동북아 질서와 북한의 체제전환, 2008.12~2011.11)에서는 '동북아시아 수준'에서의 변화와 북한의 체제전환의 연관성을 살펴보았다.

3단계(북한의 체제전환과 글로벌 거버넌스, 2011.12~2014.11) 연구에서는 1·2단계의 연구성과를 총괄하면서 기존 논의와의 차별성을 위해 북한의 체제전환과 글로벌 거버넌스의 관계에 집중했다. 지금까지 북한의 체제전환을 위한 국제협력의 필요성 차원을 넘어 글로벌 거버넌스의 관점에서 접근을 시도했다. 역사적 경험에 대한 분석을 통해 사회주의 체제전환과 글로벌 거버넌스의 상관성을 규명하고, 이를 기반으로 글로벌 거버넌스의 북한 문제 관여와 비교 연구를 수행하여 그 보편적 특징과 특수성을 제시하려 하면서 이를 바탕으로 북한의 체제전환을 위한 국제협력의 방안 모색의 기본적 토대를 제공하고자 했다.

지금까지 3단계의 모든 연구는 제1세부과제 연구를 수행한 정치경제 팀과 제2세부과제 연구를 수행한 법제도 팀으로 구분하여 진행되었다. 이 책은 이 가운데 3단계 3차년도 '글로벌 거버넌스와 북한의 체제전환 전망'이라는 총괄주제하에서 수행된 법제도 팀의 성과물이다. 제2세부 과제의 3단계 3차년도(2014년) 법제도 팀의 연구중심인 '글로벌 거버넌스와 북한의 법 체제전환 전망'의 결과물들을 정리한 것이다. 이러한 3차년도 연구는 3단계 연구의 결론으로서 1·2차년도 연구의 종합이면서도 본 연구소가 추진한 1·2·3단계 연구의 종합이라고 할 수 있다. 3년차 연구를 통해 제2세부과제(법제도) 팀은 국제기구 참여, 시장화, 경제제재, 노동법제, 인권법제, 법제 통합 등 다양한 이슈 영역에 글로벌 거버넌스의 연관 속에서 북한의 체제전환을 분석 전망했다.

글로벌 거버넌스의 북한 문제 관여에 대한 심층적 분석을 통해 북한의 체제전환과 글로벌 거버넌스의 상관성을 규명하고, 분야별로 북한의 체제전환을 유도하기 위한 국제협력 방안을 모색하는 이번 연구주제는 기존 논의들과 구별되는 특성이라 할 수 있다. 또한 이론적·정책적 측면에서도 기존 논의들보다 풍부한 내용을 제시하고자 했다. 그 결과로 이 책 역시 북한의 체제전환을 위한 법제도적 차원에서 글로벌 거버넌스의 관여 내용과 방식, 그리고 한국의 역할을 모색해보는 데 기본적 토대를 제공하리라 기대한다.

끝으로 이 책의 출간에 도움을 주신 많은 분들께 깊은 감사의 인사를 전하고 싶다. 먼저 중점연구소 지원사업에 재정적 지원을 아끼지 않은 한국연구재단 관계자 여러분께 깊은 감사를 드린다. 그리고 연구수행의 행정적 지원을 함께해준 경남대학교 박재규 총장님과 산학협력단 관계자님, 그리고 교직원 및 중점연구 참여 조교 선생님들의 많은 도움이 있었기에 출간이 가능했다. 이들 모든 분들께 깊은 감사를 드린다. 책의 출간을 위해 각별히 애써주신 한울엠플러스 대표님과 관계자분들께도 심심한 감사의 말씀을 전한다. 이 책이 북한의 변화와 통일을 대비해 북한 법제도 분야와 관련 연구자들에게 널리 활용되고 많은 추가 연구의 길을 제시하게 되기를 기대해 마지않는다.

2016년 11월
경남대학교 극동문제연구소장 윤대규

차례

제1장
북한의 국제적 사회화 전망*

국제기구 참여와 외교정책의 변화

김근식·김상기

1. 서론

　동구사회주의의 몰락 이후 북한은 체제 보전을 우선적 목적으로 삼는 대외정책을 펼쳐왔다. 탈냉전기 지구화 시대에 '우리식 사회주의' 건설을 고수하는 북한의 독자노선은 그 자체로 북한 대외정책의 국제적 이질성을 내포한다. 체제보전을 위한 북한의 생존전략은 핵무기 개발을 포함한 군사적 모험주의로 표출되었고, 경제·핵 병진노선을 대외전략의 기본 노선으로 채택하면서[1] 북한의 이익과 국제적으로 인식되는

---

*　이 글은 ≪국제정치논총≫ 제55집 2호(2015)에 「북한의 국제적 사회화 전망: 국제기구 참여와 외교정책 선호의 변화, 1991~2005」라는 제목의 논문으로 게재되었으며, 여기서는 일부 표현과 내용을 수정·보완했다.

1　황지환, 「김정은 시대 북한의 대외전략: 지속과 변화의 병진노선」, ≪한국과 국제정치≫, 제30권 1호(2014), 187~221쪽.

규범 사이의 간극은 더욱 벌어졌다. 2010년대 북한의 국제관계는 '대립'과 '고립'으로 특징지어지며, 지구적·지역적 네트워크의 '구조적 공백'으로 흔히 인식된다.[2] 북한의 대외전략 및 대외관계의 특이성과 경직성은 북한이 현존하는 국제체제 내에서 사회화될 수 있을 것인지 또는 국제사회와 조화롭게 공존할 수 있을 것인지에 대한 근본적 의문을 야기한다.

북한의 국제적 사회화는 가능한가? 북한이 추구하는 이익이 다른 나라들의 이익과 조화될 수 있는가? 북한의 대외정책에 변화를 가져올 방법이 있다면 그것은 무엇인가? 비록 우리가 목도하는 현실이 이 질문들에 대한 답변을 긍정적으로 제시하기 어렵게 만들지만, 이 글은 구성주의 국제정치이론에 근거해서 북한의 국제적 사회화에 대한 희망의 근거 찾기를 시도한다. 구성주의가 제시하는 제도적 사회화(institutional socialization) 이론은 국제제도 또는 국제기구를 통한 국가 간 상호작용이 관념(idea)의 확산을 낳고 국가들이 선호하는 이익을 변화시키면서 국내정책 및 외교정책의 국가 간 수렴 가능성을 증대시킨다고 주장한다.[3] 제도적 사회화 이론을 북한의 대외관계에 적용한다면, 우리는 북

---

2 김성배·조동호, 「김정은의 북한과 공진·복합의 대북정책」, ≪EAI 국가안보패널 연구보고서: 2010년대 한국외교 10대 과제≫, No. 43(2012), 6쪽.

3 Martha Finnemore and Kathryn Sikkink, "International Norm Dynamics and Political Change," *International Organization*, 52(4), 1998, pp. 887~917; Jeffrey T. Checkel, "Social Construction and Intergration," *Journal of European Public Policy*, 6(4), 1999, pp. 545~560; Alastair Iain Johnston, "Treating International Institutions as Social Environments," *International Studies Quarterly*, 45(4), 2001, pp. 487~515; David H. Bearce and Stacy Bondanella, "Intergovernmental Organizations, Socialization and

한이 참여하는 국제기구가 북한과 타 회원 국가들 사이의 상호작용을 촉진하면서 외교정책의 유사성을 증가시킬 수 있을 것이란 기대를 가질 수 있다.

제도적 사회화 이론이 북한 외교정책의 변화 가능성에 관한 중요한 함의를 제시함에도 불구하고, 그 가능성을 이론적으로 설명하고 경험적으로 검증하고자 하는 노력은 매우 미흡했다. 북한의 외교정책 혹은 대외관계에 관한 기존 연구들은 주로 국제구조의 변화와 안보위협과 같은 외적 요인 또는 북한 내 리더십의 특성, 군부의 역할, 경제적 상황과 같은 내적 요인을 설명변수로 제시해왔으며, 또한 주로 북한과 특정 국가(예: 미국, 중국, 한국)의 관계에 주목해왔다.[4] 국제기구의 북한과의 교류

Member-State Interest Convergence," *International Organization*, 61(4), 2007, pp.703~733; Brian Greenhill, "The Company You Keep: International Socialization and the Diffusion of Human Rights Norms," *International Studies Quarterly*, 54(1), 2010, pp.127~145.

4 예를 들어 박재규, 『북한의 신외교와 생존전략』(나남출판, 1997); 임재형, 「북한외교정책결정과정의 특징과 군의 역할: 김정일 시대를 중심으로」, ≪북한연구학회보≫, 제6권 1호(2002), 37~63쪽; 백성호, 「김일성 사후 북한 외교노선의 변화와 대외관계의 특징: 1995년부터 2004년까지 ≪로동신문≫의 사설 분석을 중심으로」, ≪국제정치논총≫, 제45집 4호(2005), 169~189쪽; 이상숙, 「북미관계 개선 이후 북한의 대중정책: 미중관계 변화를 중심으로」, ≪북한학연구≫, 제4권 1호(2008), 37~55쪽; 김근식, 「김정은 시대 북한의 대외전략 변화와 대남정책: '선택적 병행' 전략을 중심으로」, ≪한국과 국제정치≫, 제29권 1호(2013), 193~224쪽; 황지환, 「김정은 시대 북한의 대외전략: 지속과 변화의 병진노선」; Hazel Smith, "Bad, Mad, Sad, or Rational Actor? Why the 'Securitization' Paradigm Makes for Poor Policy Analysis of North Korea," *International Affairs*, 76(3), 2000, pp.593~617; Samuel S. Kim, *North Korean Foreign Relations in the Post-Cold War World*(Carlisle: Strategic Studies Institute, 2007). 이외에도 북한 외교정책의 합리성 또는 외교협상의 특징을 고찰하는 다음과 같은 연구가 있다. 박상현, 「북한 대외정책의 합리성에 관한 고찰: 약소국의 전략적 상호작용과 인지심리학적 함의를 중심으로」, ≪통일정책연구≫, 제18권 1호(2009), 33~61쪽; 차문석, 「북한의 외교

또는 대북한 지원·제재를 분석하는 선행 연구들도[5] 국제기구와 북한 외교정책 변화 사이의 인과관계를 규명하는 데 초점을 맞추지는 않는다.

이 글은 국제기구의 사회화 효능에 주목하면서 북한과 타 국가들 사이에 외교정책 선호가 수렴될 가능성을 이론적으로 설명하고, 지구적 및 동아시아 지역적 수준에서 경험적으로 검증하는 것을 목표로 한다. 북한의 대외정책과 관련된 특정한 사안 또는 북한과 특정 국가의 관계에 주목하지 않는 대신에, 국제기구를 통한 상호작용이 북한과 다른 국가 간 외교정책 선호의 유사성(혹은 차별성)에 일반적으로 어떤 영향을 미치는 지를 이론적·경험적으로 탐구함을 통해 북한의 대외관계에 관한 이해를 확장시키고, 글로벌 거버넌스(global governance)의 핵심적 주체인 국제기구의 역할과 관련된 정책적 함의를 제시하고자 한다.

이 글은 우선 제도적 사회화에 관한 기존의 이론적·경험적 연구들을 검토하고, 국제제도 또는 국제기구가 국가들의 사회화를 촉진하는 장이 될 수 있음을 설명한다. 다음으로는 제도적 사회화 이론을 북한에 적용할 수 있는지 검토하고, 국제기구를 통한 상호작용이 북한과 타 회원국 간 외교정책 선호의 유사도를 증가시키는 경향이 있다는 가설을

및 협상의 행태(行態)」, ≪한국정치외교사논총≫, 제36집 1호(2014), 149~181쪽.

5   예를 들어 유호열 외, 「북한과 UNDP·UNIDO와의 과학기술 교류·협력: 북한의 입장과 이해관계를 중심으로」, ≪북한연구학회보≫, 제12권 2호(2008), 125~155쪽; 이유진, 「북한과 국제사회의 상호의존도를 중심으로 살펴본 북한인권개선연구」, ≪국제정치논총≫, 제50집 1호(2010), 143~164쪽; 서보혁, 「유엔 북한인권정책의 특징과 추세」, ≪현대정치연구≫, 제6권 1호(2013), 145~175쪽; 우승지, 「탈냉전 시기 북한의 의존 네트워크 분석」, ≪한국정치학회보≫, 제48집 2호(2014), 159~182쪽.

제시한다. 유엔(UN: United Nations) 총회 투표 자료를 이용하여 북한과 다른 국가들 사이의 외교정책 선호 유사도를 분석한 경험적 검증의 결과는 본 연구의 가설을 지지한다. 이 연구 결과는 국제기구 또는 국제제도를 통해 국제사회와 북한의 사회적 상호작용을 촉진하는 대북한 관여(engagement) 정책이 제재와 같은 고립화 정책보다 북한의 변화를 유도하고 북한과의 군사적 갈등을 줄이기 위한 더욱 효과적 방법이 될 수 있다는 정책적 함의를 제공한다.

2. 제도적 사회화 이론과 국제기구의 효능

구성주의에 기초한 제도적 사회화 이론이 체계화되고 그에 대한 경험적 검증 노력이 본격화되기 이전까지 국제기구 또는 (좀 더 일반적인 의미에서) 국제제도의[6] 국가 행동에 대한 영향은 주로 합리주의(rationalism)의 전통을 따르는 이론에 의해 설명되어왔다. 대표적으로 자유제도주의(liberal institutionalism) 이론은 국제제도가 정보비대칭에 따른 불확실성 문제를 해소할 뿐 아니라 공약 준수 또는 위반에 대한 보상 및

---

6 국제제도는 "국제체제, 국제체제 내 국가 혹은 비국가 행위자, 그리고 그들의 행동과 관련된 구성적·규제적·절차적 규범과 규칙의 상대적으로 안정된 집합"으로 정의될 수 있다. John Duffield, "What Are International Institutions?" *International Studies Review*, 9(1), 2007, pp.7~8. 존 더필드(John Duffield)가 제시한 이 정의는 합리주의가 강조하는 제도의 규제적 특성 그리고 구성주의가 강조하는 제도의 구성적 특성을 모두 포괄한다. 이 글에서 국제기구는 국제제도의 하나의 전형적 형태로서 정부 간 국제기구(intergovernmental organization)를 의미한다.

처벌의 기대를 높이고 정당한 거래의 비용을 줄이는 효능을 가지며, 따라서 국제제도가 국가 간 협력을 용이하게 하고 국가들의 행동에 중요한 영향을 미친다고 주장한다.[7] 합리주의는 국가 행동의 동인을 국가들이 얻게 되는 물질적 이익과 손실에 대한 전략적 계산으로 전제하면서 자유제도주의의 주장을 뒷받침한다.[8]

합리주의 전통이 국가를 이기적인 자기이익 추구자로 고정시켜 규정하고 국제제도의 효과를 국가의 손익계산에 따른 행동의 변화로 제한하는 반면, 구성주의 이론은 물질보다는 관념에 주목하고 국가의 정체성과 이익 자체가 상호주관적(intersubjective) 이해와 사회적 기대에 따라 변화할 수 있다고 주장하면서 국제제도의 더욱 근본적이며 깊은 효능의 가능성을 뒷받침하는 논리를 제시한다. 구성주의의 대표적 이론가인 알렉산더 웬트(Alexander Wendt)에 따르면, 국가의 정체성은 외생적으로(exogenously) 규정되는 것이 아니라 사회적으로 구성되는 것이며, 그에 따라 국가의 이익과 선호 역시 변화한다.[9] 즉, 국가의 이익 또는 정책

---

7 Robert O. Keohane, *After Hegemony: Cooperation and Discord in the World Political Economy*(Princeton: Princeton University Press, 1984); Kenneth Oye, "Explaining Cooperation under Anarchy: Hypotheses and Strategies," *World Politics*, 38(1), 1985, pp.1~24.

8 James Fearon and Alexander Wendt, "Rationalism v. Constructivism: A Skeptical View," in Walter Carlsnaes, Thomas Risse and Beth A. Simmons(eds.), *Handbook of International Relations*(Los Angeles: Sage, 2002), pp.52~72.

9 Alexander Wendt, "Anarchy is What States Make of It: the Social Construction of Power Politics," *International Organization*, 46(2), 1992, pp.391~425; Alexander Wendt, *Social Theory of International Politics*(Cambridge: Cambridge University Press, 1999).

적 선호는 국가들 사이의 상호주관적 이해에 따라 차별적일 수 있으며, 상호작용을 통한 관념의 공유와 확산에 따라 변화 가능하다는 것이다.

예를 들어, "500개의 영국 핵무기가 5개의 북한 핵무기보다 미국에게 덜 위협적인 이유는 영국이 미국의 친구인 반면 북한은 그렇지 않기 때문이다."[10] 즉, 핵문제를 둘러싼 북한과 미국 사이의 대립은 핵무기 자체보다는 양국 간에 획득되는 정체성에 기인한다는 것이며, 이는 역으로 지속적인 상호작용을 통한 사회적 재구성의 과정을 통해 양국의 이익 및 상호 간 외교정책이 근본적으로 변화하거나 혹은 수렴될 수도 있음을 함의한다. 또 다른 예로 20세기 초반 또는 제2차 세계대전 이후 강대국들의 정체성이 '제국주의 국가'에서 '무역국가'로 변하고, 영토적 병합을 위한 전쟁이 정권교체를 위한 개입으로 변하게 된 것은 탈식민주의와 '정복을 반대하는 규범'이라는 관념의 공유 및 확산에 기인한다.[11] 웬트는 국제체제 수준에서의 갈등 혹은 협력의 정도는 국가들 사이의 상호주관적 인식과 관념의 분포에 따라 '홉스(Hobbes)적인' 것일 수도, '로크(Locke)적인' 것일 수도, 또는 '칸트(Kant)적인' 것일 수도 있다고 지적한다.[12] 이처럼 구성주의 이론은 국가의 정체성과 이익 그리고 국가

---

10 Alexander Wendt, "Constructing International Politics," *International Security*, 20(1), 1995, p.73.

11 Ronald L. Jepperson, Alexander Wendt and Peter J. Katzenstein, "Norms, Identity, and Culture in National Security," in Peter J. Katzenstein(ed.), *The Culture of National Security: Norms and Identity in World Politics*(New York: Columbia University Press, 1996), pp.33~78; Tanisha M. Fazal, *State Death: the Politics and Geography of Conquest, Occupation, and Annexation*(Princeton: Princeton University Press, 2007).

간 관계의 속성이 고정된 것이 아니라, 사회적 구성 또는 사회화에 의해 변화 가능하다고 주장한다.

구성주의 국제정치이론의 핵심에 자리 잡은 '사회화'는 사회적 맥락과 구조 안에서 행위자들이 상호작용을 통해서 정체성을 획득하고 새로운 이익과 선호를 규정해나가는 과정으로 정의될 수 있다.[13] 사회화 과정을 통해 신규 구성원은 물론이고 기존 구성원들도 하나의 구조화된 상호작용의 패턴(pattern)에 통합되면서, 분명한 물질적 동기 혹은 강압이 부재할 때에도, 그 사회 안에서 기대되는 방향으로 생각하고 행동하는 경향이 발생할 수 있다.[14] 이 과정은 결국 국가들의 이익과 선호가 수렴되고 국내 혹은 대외 정책의 유사성이 강화되는 경향으로 나타날 수 있다. 이 같은 사회화 과정에서, 국제제도는 사회화의 장(場)임과 동시에 촉진자로서 핵심적 역할을 수행한다.[15]

국제제도의 사회화 효과는 국제제도가 국가들에게 학습의 공간 및

---

12 Wendt, *Social Theory of International Politics*.

13 Checkel, "Social Construction and Intergration"; Johnston, "Treating International Institutions as Social Environments"; Bearce and Bondanella, "Intergovernmental Organizations, Socialization and Member-State Interest Convergence."

14 Sheldon Stryker and Anne Statham, "Symbolic Interaction and Role Theory," in Gardner Lindzey and Elliot Aronson(eds.), *The Handbook of Social Psychology* (New York: Random House, 1985), pp.311~378; Johnston, "Treating International Institutions as Social Environments."

15 Jeffrey T. Checkel, "International Institutions and Socialization in Europe: Introduction and Framework," *International Organization*, 59(4), 2005, pp.801~826; Bearce and Bondanella, "Intergovernmental Organizations, Socialization and Member-State Interest Convergence."

내용을 제공하고 규범의 확산을 촉진함에 따라 발생한다.[16] 첫째, 국제제도를 통해 국가들은 새로운 정보를 얻게 되는데, 이는 국가들의 이익과 선호의 변화로 이어질 수 있다. 새로운 정보가 선호의 변화로 이어지는 학습의 과정에서 '설득'은 중요한 위치를 차지한다. 설득은 새로운 정보의 내용을 인식하고 토론하며 고찰하는 고밀도(high density)의 과정이 가능한 조건에서, 그리고 설득하는 자와의 관계에 친밀도가 존재하는 조건에서 잘 발생할 수 있다.[17] 설득을 용이하게 하는 이러한 조건들을 국제제도가 제공한다. 대부분의 국제기구들은 회원 국가의 대표자들이 정기적 혹은 부정기적인 만남을 가지고 반복적인 상호작용을 할 수 있는 시·공간을 제공하며, 특히 제도화의 수준이 높은 국제기구들의 경우에는 국가에서 상임 대표자들을 파견하므로 그들 사이에 친밀도가 높아질 수 있고 상호 간에 공유되는 정보에 대한 토론과 고찰이 더욱 원활히 이루어질 수 있다.[18] 이처럼 국제제도는 국가들에게 새로운 정보를 제공하고 설득의 과정을 용이하게 하면서 국가들이 추구하는 이익 그리고 정책적 입장을 변화시키는 역할을 할 수 있다.

둘째, 국제제도는 규범의 확산과 수용을 촉진하면서 국가들의 이익과 선호에 영향을 미친다.[19] 관념이 구체화된 한 형태로서 규범의 형성

---

16 Checkel, "Social Construction and Intergration"; Johnston, "Treating International Institutions as Social Environments."

17 같은 글.

18 Greenhill, "The Company You Keep: International Socialization and the Diffusion of Human Rights Norms."

19 Finnemore and Sikkink, "International Norm Dynamics and Political Change"; Checkel,

은 국내 혹은 국제적 기반을 가지는 선도자(entrepreneur, 개인 혹은 집단)로부터 시작될 수 있으며, 특히 규범이 국가들 사이에 확산 및 수용되고 내재화되는 단계에서 국제기구는 사회화 기관으로서 중요한 역할을 수행한다.[20] 국제기구는 강령의 수립을 통해 또는 구성원들 간 합의를 명문화함으로써 국가들의 적절한 행위에 관한 규범을 제도화한다. 국제기구에 참여하고 그 안에서 상호작용을 반복적으로 경험하는 과정에서, 국가들(혹은 국가 지도자들)은 규범을 수용할 때 심리적 안정, 소속감의 획득, 국제적 신망과 같은 사회적 보상을 받으며, 규범을 거부할 때는 반대로 국제적 비난, 품위의 손상, 수치심과 같은 사회적 처벌을 받는다는 것을 인식하게 된다.[21] 따라서 국제기구는 규범의 제도화를 통해, 물리적 압박 없이도, '적절성의 논리(the logic of appropriateness)'[22]에 따라 국가들을 사회화시키고 국가들의 이익의 수렴을 낳으면서 국가들의 행동에 근본적인 영향을 미치는 효과를 가질 수 있다.

국제제도 혹은 국제기구의 사회화 효과에 관한 이론은 여러 연구에 의해 경험적으로 검증되어왔다. 예를 들어, 쉰 차오(Xun Cao)는 1990년부터 2000년까지 국제체제에서 국제기구 회원 지위(membership)의 공

"Social Construction and Intergration"; Johnston, "Treating International Institutions as Social Environments."

20 Finnemore and Sikkink, "International Norm Dynamics and Political Change"; 김상기, 「지역 국제기구의 제도화와 강대국의 내전 개입 가능성」, ≪한국과 국제정치≫, 제30권 3호(2014), 127~153쪽.

21 Johnston, "Treating International Institutions as Social Environments."

22 Fearon and Wendt, "Rationalism v. Constructivism: A Skeptical View."

유가 해당 국가들의 경제정책(예: 재정·금융정책)을 유사하게 만드는 경향이 있다는 것을 통계적 분석을 통해 보여준다.[23] 이러한 경험적 발견은 금융자유화를 포함한 경제적 자유화 정책의 지구적 확산이 국제기구를 통한 국가들의 사회적 학습에서 비롯된 것일 수 있다는 것을 의미한다. 마사 피네모어(Martha Finnemore)의 사례 연구는 유네스코(UNESCO)가 과학정책에 관한 국가적 책임이라는 규범의 전파자로서 그리고 과학 관료기구의 설립과 발전을 돕는 교육자로서 1960년대 레바논과 동아프리카 여러 국가들의 과학정책에 중요한 영향을 미쳤음을 논증한다.[24] 국제기구를 통한 사회화 효과는 특정한 정책 영역에만 국한되지 않는다. 데이비드 비어스와 스테이시 본다넬라(David H. Bearce and Stacy Bondanella)는 2차 세계대전 이후 1991년까지 모든 유엔총회 투표 결과를 국가들의 이익 유사성을 측정하기 위한 수단으로 사용하면서, 두 국가가 더욱 더 많은 국제기구에서 공통으로 회원 지위를 가질수록, 즉 국제기구를 통해 상호작용이 증가할수록, 양 국가의 대외적 이익이 수렴되는 경향이 있다는 경험적 증거를 제시한다.[25]

---

23 Xun Cao, "Networks of Intergovernmental Organizations and Convergence in Domestic Economic Policies," *International Studies Quarterly*, 53(4), 2009, pp.1095~1130.

24 Martha Finnemore, "International Organization as Teachers of Norms: the United Nations Educational, Scientific, and Cultural Organization and Science Policy," *International Organization*, 47(4), 1993, pp.565~597.

25 Bearce and Bondanella, "Intergovernmental Organizations, Socialization and Member-State Interest Convergence."

3. 북한의 국제관과 제도적 사회화 이론의 적용 가능성

선행 연구들이 국제기구가 회원 국가들의 사회화를 촉진하여, 정책 선호의 변화를 유발하는 일반적 효과를 가진다는 것을 논증하지만, 그 효과가 북한이라는 사례에도 똑같이 적용되리라 쉽게 단정하기는 어렵다. 특히 북한이 국제기구가 국가의 자주권을 침해하고 서방 강대국들의 이익 실현을 강요하는 제도가 될 가능성을 경계해왔다는 점[26]에 주목한다면, 북한은 어쩌면 국제기구를 통해 유의미한 변화가 발생하기가 매우 어려운 국가라고 추정될 수도 있다. 그러나 이러한 추정은 사실이 아닐 수 있다. 이 글은 북한의 국제관계 및 국제기구에 대한 인식을 검토함으로써 제도적 사회화 이론이 북한에도 적용될 수 있다고 주장하며, 북한의 국제기구 참여와 대외정책의 변화에 관한 검증 가능한 가설을 제시한다.

북한의 대외관계에서 기본 원칙은 국가자주권 존중, 평등호혜, 내정불간섭, 령토완정[27]을 포함하며,[28] 이 원칙들은 북한의 사회주의 헌법에도 잘 나타나 있다.[29] 북한 헌법 17조는 "국가는 우리나라를 우호적으로

---

26 한영서, 「국제기구의 본질과 그것이 갖추어야 할 조건」, ≪김일성종합대학학보: 력사법학≫, 제46권 2호(2000), 66~70쪽; 김도형·최종건, 「북한의 국제경제 세계관 분석」, ≪한국과 국제정치≫, 제28권 4호(2012), 97~131쪽.

27 령토완정이란 "영토를 완전히 정리하고 다스리는 것 또는 강점되거나 분리된 영토를 다시 회복하여 나라를 완전히 통일하는 것"을 의미한다. 이규창, 『북한의 국제법관』(한국학술정보, 2008), 15쪽.

28 리수영, 「국가자주권존중의 원칙에 관한 독창적인 사상」, ≪김일성종합대학학보: 력사법학≫, 제44권 3호(1998), 61~66쪽.

대하는 모든 나라들과 완전한 평등과 자주성, 호상존중과 내정불간섭, 호혜의 원칙에서 국가적 또는 정치, 경제, 문화적 관계를 맺는다"라고 강조하며, 또한 자주성을 침해하는 모든 침략과 내정간섭을 반대한다고 표명한다.[30] 북한의 대외관계 원칙들에서 가장 핵심적인 것은 나라와 민족의 운명과 관련된 모든 문제를 자주적으로 결정하고 처리할 수 있는 권리를 의미하는 국가자주권의 존중이며, 이는 "매개 나라는 외부세력의 침해로부터 자주권을 수호하는 것과 함께 다른 나라의 자주권을 존중하고 자기 의사를 남에게 강요하지 말아야 합니다"라는 김정일의 교시에서도 뚜렷이 드러난다.[31]

북한의 국제기구관에서도 가장 먼저 강조되는 것은 국가자주권 존중의 원칙이다. 북한은 나라와 민족의 자주성을 옹호하는지 그렇지 않은지에 따라 국제기구의 성격과 운명이 결정될 것이라고 강조한다. 즉, 국가들의 자주성을 옹호하고 자주적 발전을 돕는다면 국제기구는 "세계인민들의 지지와 찬동"을 받을 것이며, 자주성을 침해한다면 "반동적, 침략적, 략탈적 성격"을 가진 강압 기구가 되어 소멸되어야 하는 운명에 처할 것이라 인식한다.[32] 국제기구가 갖추어야 할 조건으로 북한은 또

---

29 윤대규·임을출, 「동북아 안보레짐: 북한의 국제법적 인식과 대응」, ≪현대북한연구≫, 제13권 3호(2010), 120~164쪽; 구갑우·최완규, 「북한의 동북아 지역정책」, 이수훈 엮음, 『북한의 국제관과 동북아 국제질서』(한울, 2011), 126~180쪽.
30 장명봉 엮음, 『최신 북한법령집: 북한법연구회 창립 20주년 기념 자료집』(북한법연구회, 2013), 50쪽.
31 리수영, 「국가자주권존중의 원칙에 관한 독창적인 사상」, 61쪽.
32 한영서, 「국제기구의 본질과 그것이 갖추어야 할 조건」, 68쪽.

한 어떤 일방이 아닌 당사자 상호 간 합의에 기초한 조약체결의 필요성, 전체의 요구와 이익을 위한 행동준칙, 방법 등을 세부적으로 규정하는 조직 법규 및 그 법규의 실행을 돕는 내부기관의 필요성, 그리고 국제법의 공인된 원칙과 규범(자주권존중, 내정불간섭, 평등과 호혜, 영토완정, 불가침 원칙)에 부합되어야 할 필요성을 강조한다.[33]

이처럼 북한은 국제관계와 국제기구에 관한 인식에서 유독 국가의 자주권을 강조하며, 또한 국제기구는 독립적 권력을 가진 강압적 기구가 될 수 없다고 지적한다. 이러한 북한의 인식은 일면 국제기구가 북한에 변화를 야기할 수 있는지에 관한 낙관적 기대를 가지기 어렵게 한다. 그러나 북한이 강조하는 국가자주권은 사실 유엔이 명시하는 국가 주권에 관한 보편적 규범과 별반 다를 바 없다. 유엔 헌장 2조는 모든 회원국이 평등한 주권을 가지며, 다른 국가의 영토 보전이나 정치적 독립에 대하여 무력 위협이나 무력행사를 금하며, (유엔 헌장의) 어떠한 규정도 어떤 국가의 국내 관할권 안에 있는 사항에 간섭할 권한을 국제연합에 부여하지 않는다고 명시한다.[34] 유엔이 제시하는 주권 존중의 규범과 북한이 강조하는 자주권 존중이 상호 부합된다는 점은 북한이 종종 국제

---

33 같은 글, 68~70쪽. 북한에서 국제기구는 "국제관계의 여러 분야에서 제기되는 문제들을 셋 이상의 당사자들의 요구와 리익에 맞게 집단적으로 해결하기 위하여 조직하는 국제적 조직체"로 정의된다(한영서, 2000: 68). 이 글이 참고한 리수영(1998)과 한영서(2000)의 글은 이규창(2008)이 엮은 북한 국제법 관련 논문집에도 수록되어 있다.

34 United Nations, *Charter of the United Nations*, http://www.un.org/en/documents/charter (검색일: 2015.1.28) 유엔 헌장의 7장은 국제평화와 안전의 유지 또는 회복을 위한 조치로서 비폭력적 수단이 불충분하다고 판단될 경우에 예외적으로 무력을 사용할 수 있다고 명시한다.

조약 체결에서 유엔 헌장의 원칙과 규범을 존중한다는 조항을 명시적으로 삽입하는 이유이기도 하다.[35] 따라서 자주권의 강조로서 대표되는 북한의 국제관이 북한의 국제적 사회화 전망을 어둡게 만들 이유가 없다.

북한이 국제제도가 강제적 권한을 가진 독립적 권력기구가 되는 것을 반대한다는 점 또한 북한의 국제적 사회화 가능성을 부인할 필요가 없으며, 오히려 북한의 변화를 위해서는 제도적 사회화 이론이 제시하는 상호작용의 메커니즘(mechanism)이 필요하다는 것을 역설하고 있다. 앞에서 검토한 바와 같이 구성주의에 기초한 제도적 사회화 이론은 물리적 동기 혹은 강압에 의한 효과보다는 제도를 통한 사회적 상호작용, 그리고 그에 따른 학습과 설득 및 규범의 확산 효과에 초점을 맞춘다. 또한 그로 인해서 국가의 이익과 선호가 변화할 수 있다고 강조한다. 따라서 제도적 사회화 이론이 제시하는 이러한 인과적 메커니즘은 북한이 강조하는 '국제법의 공인된 원칙과 규범'하에서 자주권의 침해 없이 작동할 수 있으며, 국제기구를 통한 상호작용이 북한을 포함한 회원국 간 이익과 선호의 유사도를 증가시킬 수 있을 것이란 기대를 뒷받침한다.

북한은 1950년대부터 각종 정부 간 국제기구에 가입해왔지만, 다른 국가들에 비해서 상대적으로 참여하고 있는 국제기구의 수가 많지 않

---

35 김찬규·이규창, 『북한 국제법 연구』(한국학술정보, 2009); 윤대규·임을출, 「동북아 안보레짐: 북한의 국제법적 인식과 대응」.

〈표 1-1〉 북한이 가입한 정부 간 국제기구(1950~2005)

약어	국제기구	제도화 수준	가입 연도
JINR	공동핵연구소(Joint Institute for Nuclear Research)	1	1956
OCR	철도협력기구(Organization for Cooperation of Railways)		1956
AALCO	아시아·아프리카법률자문위원회(Asian-African Legal Consultative Org.)		1974
UNESCO	유네스코(유엔교육과학문화기구)(UN Educational, Scientific and Cultural Org.)	3	1974
UPU	만국우편연합(Universal Postal Union)	3	1974
WIPO	세계지적재산권기구(World Intellectual Property Org.)	3	1974
ITU	국제전기통신연합(Int'l Telecommunication Union)	1	1975
NAM	비동맹운동(Non-Aligned Movement)	2	1975
IOLM	국제법정계량기구(Int'l Org. of Legal Metrology)	3	1977
ICAO	국제민간항공기구(Int'l Civil Aviation Org.)	3	1978
IUPIP	국제산업재산권보호연합 (Int'l Union for the Protection of Industrial Property)	1	1980
FAO	식량농업기구(Food and Agriculture Org.)	2	1981
BIPM	국제도량형국(Int'l Bureau of Weights and Measures)	1	1982
IMO	국제해사기구(Int'l Maritime Org.)	3	1986
INFOFISH	아시아태평양 수산물 영업정보 및 기술자문을 위한 국제기구 (INFOFISH)	1	1986
IFAD	국제농업발전기금(Int'l Fund for Agricultural Development)	3	1987
IHO	국제수로기구(Int'l Hydrographic Organization)	3	1987
CFC	1차산품공통기금(Common Fund for Commodities)	2	1989
WTOURO	세계관광기구(World Tourism Org.)	1	1989
NACAP	아시아태평양 수산양식 네트워크(Network of Aquaculture Centres in Asia-Pacific)		1990
UN	국제연합(United Nations)	3	1991
UNIDO	유엔산업개발기구(UN Industrial Development Org.)	3	1991
WHO	세계보건기구(World Health Org.)	3	1991
WMO	세계기상기구(World Meteorological Org.)	3	1991
APT	아시아태평양전기통신공동체(Asia-Pacific Telecommunity)	1	1994

GEF	지구환경기금(Global Environment Fund)		1994
Montreal	몬트리올 의정서 실행을 위한 다자기금(Multilateral Fund for the Implementation of the Montreal Protocol)		1995
IOEz	국제수역사무국(Int'l Office of Epizootics)	1	2002
IUPLAW	문학·미술 저작물 보호를 위한 국제연합(Int'l Union for the Protection of Literary and Artistic Works)	1	2003

주: 1) 북한의 국제기구 가입은 '전쟁의 상관관계 프로젝트(COW: Correlates of War Project)'의 '정부 간 국제기구 자료'에 근거함.[36]
2) 제도화 수준은 찰스 보머(Charles Boehmer)와 그의 동료들의 자료에 근거함.[37] 점수가 높을수록 제도화 수준이 높음을 의미하며, 공란은 제도화 수준이 확인되지 않은 경우임.

다.[38] 그러나 유네스코와 비동맹운동(NAM)을 포함한 여덟 개 국제기구의 경우에는 40년 이상 회원국 지위를 유지해오고 있으며, 냉전 종식 이후에도 북한은 유엔산업개발기구(UNIDO)와 세계보건기구(WHO)를 비롯한 다수의 국제기구에 새롭게 가입했다(〈표 1-1〉 참조). 이러한 사실은 북한이 국제기구가 강대국의 이익 추구 수단 또는 강압적 권력기관이 될 수 있다는 것을 경계함에도 불구하고, 다른 한편으로는 대외관계에서 국제기구의 유의미성을 인정해왔다는 점을 드러낸다. 제도적 사

---

36 Jon C. Pevehouse, Timothy Nordstrom and Kevin Warnke, "The COW-2 International Organizations Dataset Version 2.0," *Conflict Management and Peace Science*, 21(2), 2004, pp.101~119.

37 Charles Boehmer, Erik Gartzke and Timothy Nordstrom, "Do Intergovernmental Organizations Promote Peace?" *World Politics*, 57(1), 2004, pp.1~38.

38 1985년에 국가들은 평균적으로 47.6개 그리고 2005년에는 61.5개의 정부 간 국제기구의 회원국인 반면, 북한은 1985년 13개 그리고 2005년을 기준으로는 29개 국제기구의 회원국이다. Pevehouse et al., "The COW-2 International Organizations Dataset Version 2.0."

회화 이론은 이와 같은 국제기구 내에서의 북한과 타 회원국 간 상호작용을 통해 학습과 설득 그리고 규범의 확산이 이루어지며, 그들 사이에 이익과 선호가 수렴되는 현상이 발생할 것이라 전망한다. 결과적으로, 이 글은 제도적 사회화 이론을 북한에 적용하면서 다음과 같은 가설을 제시한다.

가설: 국제기구를 통한 북한과 타 회원국의 상호작용이 양국 간 외교정책 선호의 유사성을 증가시키는 경향이 있다.

4. 경험적 검증을 위한 연구 설계 및 자료

제시된 가설을 경험적으로 검증하기 위해 이 글에서는 통계적 분석 방법을 사용한다. 모든 유엔 가입 국가가 분석 대상에 포함되며, 지구적 차원 및 동아시아 지역적 차원에서 각각 분석된다. 분석 기간은 북한이 유엔에 가입한 1991년부터 2005년까지이다. 분석 기간이 2005년까지로 한정되는 이유는 (다음에 소개될) 독립변수의 측정을 위해 사용되는 국제기구 가입 현황 자료의 한계 때문이다. 종속변수로 사용되는 북한과 타 국가 간 외교정책 선호의 유사도는 연례적으로 측정된다. 따라서 분석 단위는 북한과의 국가쌍-연(dyad-year)이다. 이러한 분석단위를 가지는 시계열횡단면(time series cross sectional) 자료를 분석하기 위해서, 이분산성(heteroskedasticity)과 자기상관성(autocorrelation)이 편

향된 분석 결과를 낳을 가능성에 유의하면서 너새니얼 벡과 조너선 카츠(Nathaniel Beck and Jonathan Katz)가 제시한 패널수정표준오차(PCSE: Panel Corrected Standard Errors)를 적용한 일반적 최소자승법(OLS: Ordinary Least Squares)을 이용한다.[39]

1) 종속변수

이 연구의 종속변수는 북한과 타 국가 사이 외교정책 선호의 유사도이다. 이 변수를 측정하기 위해 에릭 보이튼(Erik Voeten)과 그의 동료들이 제공하는 유엔총회 투표 유사성(affinity) 지표를 이용한다.[40] 이 지표는 유엔총회 결의안에 대한 모든 국가들의 투표 기록에 근거하여 국가쌍(dyad) 단위로 얼마나 유사한 투표 성향을 보이는지를 측정하며, -1(최저 유사도)에서 1(최고 유사도)까지의 연속된 값으로 제시된다.[41] 유엔총회의 결의안은 비구속적 특성을 가지는데, 이 덕분에 유엔총회는 다른 국제적 공간들에 비해서 상대적으로 자유롭게 국가들의 이익이 표출

---

39 Nathaniel Beck and Jonathan N. Katz, "What to do (and not to do) with Time-Series Cross-Section Data," *American Political Science Review*, 89(3), 1995, pp.634~647.

40 Erik Voeten, Anton Strezhnev and Michael Bailey, "United Nations General Assembly Voting Data," http://hdl.handle.net/1902.1/12379, Harvard Dataverse, V&.(2009)(검색일: 2015.1.28).

41 '에스 스코어(S scores)'로 불리는 이 값은 국가들의 투표를 찬성, 반대, 기권이라는 세 가지 범주로 구분하여 계산한다. Curtis S. Signorino and Jeffrey M. Ritter, "Tau-b or Not Tau-b: Measuring the Similarity of Foreign Policy Positions," *International Studies Quarterly*, 43(1), 1999, pp.115~144.

되는 공간으로서 역할을 해왔다.[42] 또한 유엔총회는 핵 확산 억지와 군비통제 그리고 팔레스타인 문제 등의 국제 안보 문제뿐만 아니라 인권, 경제발전 등을 포함하는 다양한 사안들에 관한 투표를 진행해왔다. 이러한 이유로 유엔총회 투표 유사성 지표는 국가 간 이익 수렴도 혹은 외교정책 선호의 유사도를 효과적으로 측정하는 수단으로 광범하게 인정받아왔고, 또한 많은 연구들에서 사용되었다.[43]

이 연구는 1991년부터 2005년까지의 유엔총회에서 북한의 투표가 다른 각 국가의 투표와 얼마나 유사한지에 관한 점수를 연례적으로 기록하고, 이 점수를 북한을 포함한 두 국가 간 외교정책 선호의 유사도를 측정하는 지표로 삼는다. 이 변수의 전체 평균값은 0.657이다. 〈표 1-2〉는 북한과의 외교정책 선호 유사도의 15년간 평균값을 기준으로 한 상위 15개 국가 및 하위 15개 국가를 제시한다. 북한과의 유사도가 가장 높은 국가는 쿠바이며, 그 점수는 0.949이다. 가장 낮은 국가는 미국이며, -0.646의 유사도를 보여준다. 〈그림 1-1〉은 북한의 외교정책 선호가 동아시아의 다른 국가들과 얼마나 유사한지를 제시한다. 동아시아

---

42 Erik Gartzke, "Kant We All Just Get Along? Opportunity, Willingness, and the Origins of the Democratic Peace," *American Journal of Political Science*, 42(1), 1998; Bearce and Bondanella, "Intergovernmental Organizations, Socialization and Member-State Interest Convergence."

43 Gartzke, "Kant We All Just Get Along? Opportunity, Willingness, and the Origins of the Democratic Peace"; Signorino and Ritter, "Tau-b or Not Tau-b: Measuring the Similarity of Foreign Policy Positions"; Brian Lai and Daniel S. Morey, "Impact of Regime Type on the Influence of U.S. Foreign Aid," *Foreign Policy Analysis*, 2(4), 2006, pp.385~404; Bearce and Bondanella, "Intergovernmental Organizations, Socialization and Member-State Interest Convergence."

〈표 1-2〉 북한과의 외교정책 선호 유사도: 유엔총회 투표의 지구적 차원 분석
(1991~2005)

상위 15개 국가			하위 15개 국가		
순위	상대 국가	외교정책 선호 유사도	순위	상대 국가	외교정책 선호 유사도
1	쿠바	0.949	1	미국	-0.646
2	미얀마	0.948	2	이스라엘	-0.504
3	베트남	0.946	3	미크로네시아	-0.034
4	이란	0.934	4	영국	0.047
5	시리아	0.933	5	마샬군도	0.066
6	라오스	0.928	6	프랑스	0.145
7	중국	0.926	7	알바니아	0.220
8	리비아	0.925	8	벨기에	0.233
9	레바논	0.916	9	독일	0.236
10	인도네시아	0.913	10	네덜란드	0.238
11	수단	0.911	11	룩셈부르크	0.2470
12	예멘	0.908	12	캐나다	0.2472
13	짐바브웨	0.90797	13	라트비아	0.254
14	이집트	0.906	14	헝가리	0.256
15	파키스탄	0.904	15	이탈리아	0.259

주: 이 표는 15년간의 평균 유사도를 제시한다. 소말리아와 팔라우는 각각 북한과 매우 유사한 또는 상이한 정책 선호를 가지지만, 다수의 결측치(missing data)로 인하여 제외된다.

에서 북한의 외교정책 선호는 미얀마와 가장 비슷하며, 베트남, 라오스, 중국 등과도 높은 유사도를 보여준다. 그러나 북한의 러시아, 한국, 또는 일본과의 유사도는 동아시아 지역 평균(0.7)보다 낮으며, 미국과의 유사도는 한국 및 일본과의 경우보다도 매우 낮은 것으로 나타난다.[44]

44 미국과 러시아는 지리적으로는 동아시아 국가라고 간주되기 어렵지만, 동아시아 국제

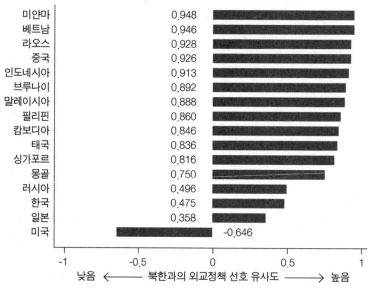

〈그림 1-1〉 북한과의 외교정책 선호 유사도:
유엔총회 투표의 동아시아 차원 분석(1991~2005)

미얀마	0.948
베트남	0.946
라오스	0.928
중국	0.926
인도네시아	0.913
브루나이	0.892
말레이시아	0.888
필리핀	0.860
캄보디아	0.846
태국	0.836
싱가포르	0.816
몽골	0.750
러시아	0.496
한국	0.475
일본	0.358
미국	-0.646

낮음 ← 북한과의 외교정책 선호 유사도 → 높음

주: 이 그림은 15년간의 평균 유사도를 제시한다.

2) 독립변수

북한의 국제적 사회화 전망에 관심을 가지는 이 글의 핵심 독립변수
는 국제기구를 통한 북한과 타 국가 사이의 상호작용이다. 이 변수를 양
적으로 측정하기 위해 1991년부터 2005년까지 북한을 포함한 두 국가
가 몇 개의 국제기구에서 공통으로 회원 지위(membership)를 가지고 있

관계에서 중요한 행위자라는 점을 고려하여 포함시킨다.

는지를 연도별로 기록한다. 이러한 측정은 국제기구의 사회화 효과를 경험적으로 검증하기 위해 기존 연구들이 사용해온 전통적인 방법이다.[45] 더욱 많은 국제기구에 함께 참여할수록 북한과 타 회원국 사이에 상호작용이 활발하다는 것을 의미한다. 국가들의 국제기구 가입 여부는 존 피브하우스(Jon C. Pevehouse)와 그의 동료들의 자료에 근거하여 판단한다.[46] 이 자료는 제2차 세계대전 이후부터 2005년까지 존재하는 모든 정부 간 국제기구에 대한 세계 각 국가들의 가입 현황을 연도별로 보여준다.

여기서 우리는 국제기구의 제도화 수준에 차이가 존재한다는 점을 고려할 필요가 있다. 제도화의 차이가 사회화 효과에도 영향을 미칠 수 있기 때문이다.[47] 즉, 북한을 포함한 두 국가가 함께 참여하는 국제기구들의 제도화 수준이 높을 때 고밀도의 상호작용이 가능하여 사회화 효과가 뚜렷하게 나타날 수 있는 반면, 제도화의 수준이 낮을 때 사회화의 효과는 미미할 수도 있다. 이러한 이유로 이 글에서는 독립변수로서 제도화 수준에 대한 고려 없이 모든 국제기구를 대상으로 한 측정자 외에 두 가지 측정자를 추가적으로 사용한다. 첫째, 제도화의 수준이 상대적

---

45 Bearce and Bondanella, "Intergovernmental Organizations, Socialization and Member-State Interest Convergence"; Cao, "Networks of Intergovernmental Organizations and Convergence in Domestic Economic Policies"; Greenhill, "The Company You Keep: International Socialization and the Diffusion of Human Rights Norms."

46 Pevehouse et al., "The COW-2 International Organizations Dataset Version 2.0."

47 Bearce and Bondanella, "Intergovernmental Organizations, Socialization and Member-State Interest Convergence."

으로 높은, 즉 조직화된 국제기구들 중에서 몇 개의 기구에 북한 및 다른 한 국가가 함께 참여하는지를 측정한다. 둘째, 제도화의 수준이 미약한 최소적 국제기구들만을 대상으로 북한을 포함한 두 국가가 함께 가지는 회원 지위의 수를 측정한다. 여기서 조직화된 국제기구(〈표 1-1〉에서 제도화 수준 2 이상의 경우)는 회원국 간의 상호작용을 용이하게 하는 체계적 절차와 관료 및 행정 조직을 갖춘 기구를 의미하며, 최소적 국제기구(〈표 1-1〉에서 제도화 수준 1의 경우)는 체계화된 조직 없이 미약한 수준의 사무국과 대표자 회의 등으로 운영되는 기구를 의미한다. 국제기구의 제도화 수준에 관한 이와 같은 분류는 보머와 그의 동료들이 제시한 기준을 따른다.[48] 결과적으로 이 연구는 독립변수로서 북한을 포함한 두 국가가 몇 개의 국제기구에 공통으로 회원 지위를 가지고 있는지에 관한 세 가지 지표를 각각 사용하며, 이들은 모두 연례적으로 측정된다.[49]

독립변수의 측정과 관련한 또 다른 유의사항은 이 글에서는 북한과 다른 한 국가가 공통으로 회원인 국제기구의 수가 양국 간 외교정책 선호의 유사성에 어떤 효과를 미치는지에 주목하고 있지만, 인과관계가 역방향으로도 발생할 수 있다는 점이다.[50] 즉, 두 국가의 외교정책 선호가 유사하기 때문에 그들은 보다 많은 국제기구에 공통으로 가입할 가

---

48 Boehmer et al., "Do Intergovernmental Organizations Promote Peace?"

49 이와 같은 변수의 측정방식은 비어스와 본다넬라(Bearce and Bondanella, 2007)의 연구에서도 사용된다.

50 Bearce and Bondanella, "Intergovernmental Organizations, Socialization and Member-State Interest Convergence."

능성이 존재한다. 통상적으로 이와 같은 잠재적인 내생성(endogeneity) 문제를 해결하기 위해서 시간적으로 1년 지체된(lagged) 독립변수를 사용하지만,[51] 여기서는 경험적 검증의 강건성(robustness)을 높이기 위해서 1년 지체된 변수와 3년 지체된 변수를 각각 사용한다.

3) 통제변수

국제기구를 통한 상호작용 이외에도 다른 여러 요인들이 북한과 타 국가 간 외교정책 선호의 유사도에 영향을 미칠 수 있다. 따라서 이 글의 가설 검증은 다변수 분석을 요구하며, 선행 연구에 근거하여 다음과 같은 통제변수를 이용한다. 첫째, 북한과 타 국가 사이의 1년 전(1-year lagged) 외교정책 선호 유사도를 통제한다. 그 이유는 외교정책의 유사도가 시간적 의존성을 가질 수 있기 때문이다.[52]

둘째, 국제기구를 통한 방식 이외의 두 국가 간 상호작용의 효과를 통제할 필요가 있다. 특히 우리는 북한과 타 국가 간 공식적·직접적 외교관계가 양국 간 대외정책 선호의 유사성을 증가시킬 것이라 예상해볼 수 있다.[53] 이 변수는 양국 간 대사급 외교관계의 존재 여부에 따라 이분

51 Janet Box-Steffensmeier and Bradford Jones, *Event History Modeling: A Guide for Social Scientists*(Cambridge: Cambridge University Press, 2004).

52 Lai and Morey, "Impact of Regime Type on the Influence of U.S. Foreign Aid"; Bearce and Bondanella, "Intergovernmental Organizations, Socialization and Member-State Interest Convergence."

53 Boehmer et al., "Do Intergovernmental Organizations Promote Peace?"; Bearce and

화되어(dichotomously) 측정되는데, 외교정책 유사도가 대사급 외교관계 여부에 영향을 미칠 수 있다는 점, 즉 잠재적 내생성을 감안하여 1년 지체된 값을 기록한다. 북한을 포함한 국가쌍에서 대사급 외교의 존재를 파악하기 위하여 레사트 바이어(Resat Bayer)의 자료를 사용한다.[54]

셋째, 양국 간의 경제적 상호 의존도가 증가할수록 외교정책의 유사성이 커질 수 있다.[55] 이러한 경제적 상호 의존의 효과를 통제하기 위해서 국내 총생산(GDP: Gross Domestic Product) 대비 양자 간 무역의 총량을 사용하는데, 각 국가의 GDP에 대해서 계산된 값의 작은 쪽을 선택해서 변수로 활용한다.[56] 양자 간 연례적 무역 총량은 캐서린 바비에리(Katherine Barbieri)와 그의 동료들의 자료에 근거하며,[57] 국가들의 GDP에 관한 자료는 크리스티안 글레디쉬(Kristian S. Gleditsch)로부터 얻어진다.[58]

Bondanella, "Intergovernmental Organizations, Socialization and Member-State Interest Convergence."

54 Resat Bayer, "Diplomatic Exchange Dataset(v2006.1)," http://www.correlatesofwar.org/(검색일: 2015.2.25).

55 John R. Oneal and Bruce Russett, "Is the Liberal Peace Just an Artifact of Cold War Interests? Assessing Recent Critiques," *International Interactions*, 25(3), 1999a, pp.213~241.

56 John R. Oneal and Bruce Russett, "Assessing the Liberal Peace with Alternative Specifications: Trade Still Reduces Conflict," *Journal of Peace Research*, 36(4), 1999b, pp.423~442; Bearce and Bondanella, "Intergovernmental Organizations, Socialization and Member-State Interest Convergence."

57 Katherine Barbieri, Omar M. G. Keshk and Brian Pollins, "Trading Data: Evaluating Our Assumptions and Coding Rules," *Conflict Management and Peace Science*, 26(5), 2009, pp.471~491.

58 Kristian S. Gleditsch, "Expanded Trade and GDP Data," *Journal of Conflict Resolution*,

넷째, 민주평화론을 포함한 자유주의 국제정치이론이 주장하는 국내 정치제도의 대외정책에 대한 영향의 가능성을 감안하여,[59] 이 글의 모델(model)은 북한을 포함한 국가쌍 안에서의 정치체제 특성의 차이를 통제한다. 이 변수는 국가들의 민주주의 수준을 점수로 기록하는 폴리티 IV 프로젝트(Polity IV Project)의 자료에 근거하며,[60] 북한의 점수에서 타 국가의 점수를 뺀 값의 절댓값에 의해 측정된다.

다섯째, 우리는 두 국가 간 군사적 분쟁 또는 위협이 양국 간 대외정책 선호의 유사도를 낮출 것이라는 예상을 할 수 있다.[61] 또한 역으로 대외정책의 유사도가 높을 때 군사적 분쟁 가능성이 줄어들 것이라는 예측도 가능하다.[62] 군사적 분쟁의 존재 여부를 측정하기 위해서 COW가 제공하는 군사분쟁(MID: Militarized Interstate Disputes) 자료를 이용하며, 내생성의 문제를 고려하여 1년 지체된 값을 사용한다.[63]

여섯째, 국력의 차이가 국가들의 대외정책에 중요한 영향을 미친다

46(5), 2002, pp.712~724.

59 Oneal and Russett, "Is the Liberal Peace Just an Artifact of Cold War Interests? Assessing Recent Critiques."

60 Monty G. Marshall, Ted Robert Gurr and Keith Jaggers, *Polity IV Project: Political Regime Characteristics and Transitions, 1800~2013*, http://www.systemicpeace.org (2014)(검색일: 2015.1.28).

61 Lai and Morey, "Impact of Regime Type on the Influence of U.S. Foreign Aid."

62 Gartzke, "Kant We All Just Get Along? Opportunity, Willingness, and the Origins of the Democratic Peace"; Erik Gartzke, Quan Li and Charles Boehmer, "Investing in the Peace: Economic Interdependence and International Conflict," *International Organization*, 55(2), 2001, pp.391~438.

63 Glenn Palmer et al., "The MID4 Data Set, 2002~2010: Procedures, Coding Rules, and Description," *Conflict Management and Peace Science*, 32(2), 2015, pp.222~242.

는 현실주의 이론의 주장을 고려하여 상대적 국력을 통제변수에 포함시킨다. 이 변수는 COW의 혼합국력지표(the Composite Index of National Capabilities)에 근거하여,[64] 두 국가 중 약한 국가의 힘에 대한 강한 국가의 힘의 비율을 로그화한(logged) 값으로 기록된다.

일곱째, 지구상에서 남북문제의 존재가 의미하듯이, 국가 간 국민소득 수준의 격차가 클수록 그 국가들은 서로 다른 외교정책을 선호할 수 있다.[65] 이러한 상대적 소득 수준의 효과를 통제하기 위해서 북한을 포함한 국가쌍 안에서 좀 더 발전된 국가의 1인당 국민소득(GDP per capita)을 덜 발전된 국가의 것으로 나눈 값을 로그화한 변수를 사용한다. 1인당 국민소득의 측정은 글레디쉬의 자료에 근거한다.[66]

마지막으로 국가 간 지리적 거리가 외교정책 혹은 이익의 유사성에 영향을 미칠 수 있다는 기존 연구의 결과를 고려하여,[67] 지리적 거리를 분석 모델에 포함시킨다. 이 변수를 위해 북한의 수도 평양과 타 국가의 수도 사이의 거리를 1000km 단위로 측정하며, 글레디쉬와 마이클 워드(Michael D. Ward)의 자료에 근거한다.[68]

---

[64] J. David Singer, "Reconstructing the Correlates of War Dataset on Material Capabilities of States, 1816~1985," *International Interactions*, 14(2), 1987, pp.115~132.

[65] Lai and Morey, "Impact of Regime Type on the Influence of U.S. Foreign Aid"; Bearce and Bondanella, "Intergovernmental Organizations, Socialization and Member-State Interest Convergence."

[66] Gleditsch, "Expanded Trade and GDP Data."

[67] Oneal and Russett, "Is the Liberal Peace Just an Artifact of Cold War Interests? Assessing Recent Critiques"; Bearce and Bondanella, "Intergovernmental Organizations, Socialization and Member-State Interest Convergence."

[68] Kristian S. Gleditsch and Michael D. Ward, "Measuring Space: A MinimumDistance

5. 연구 결과

〈표 1-3〉은 지구적 차원에서 그리고 〈표 1-4〉는 동아시아 국가들만을 대상으로 핵심 독립변수와 통제변수들이 북한을 포함한 국가쌍의 외교정책 선호 유사도에 어떤 영향을 미치는지를 경험적으로 분석한 결과를 각각 제시한다. 제시된 계수들(coefficients)은 패널수정표준오차(PCSE)와 더불어 각 변수가 북한과 타 국가들 간 외교정책 선호의 유사도에 통계적으로 유의미한 영향을 미치는지 그리고 유사도를 얼마나 증가 또는 감소시키는지를 보여준다.

분석 결과는 연구의 가설을 대체로 지지한다. 〈표 1-3〉과 〈표 1-4〉에서 북한과 다른 한 국가가 공통으로 회원 지위를 가지는 국제기구의 수(변수: '국제기구 공통회원')는 양국 간 외교정책 선호의 유사도에 통계적으로 유의미하며 긍정적인 영향을 미친다. 1년 지체된 변수와 3년 지체된 변수 모두 이러한 효과를 가진다. 이 결과는 북한을 포함한 두 국가가 보다 많은 국제기구에 공통으로 참여할수록, 지구적 차원에서건 동아시아 차원에서건 양 국가 간 외교정책 선호의 유사도가 증가하는 경향이 있다는 것을 의미한다. 지구적 차원에서 평가된 계수는 두 국가가 함께 회원 지위를 가지고 있는 국제기구가 한 개 증가할 때마다 외교정책 유사도가 0.0055 또는 0.005 증가하는 경향이 있음을 보여준다(모델

Database and Applications to International Studies," *Journal of Peace Research*, 38(6), 2001, pp.739~758.

<표 1-3> 북한과의 양자 간 외교정책 선호 유사도 증가/감소 전망:
지구적 차원(1991~2005)

변수	모델 1	모델 2	모델 3	모델 4	모델 5	모델 6
국제기구 공통회원 t-1	0.0055** (0.0027)					
국제기구 공통회원 t-3		0.005* (0.0027)				
조직화된 국제기구 공통회원t-1			0.0053*** (0.0016)			
조직화된 국제기구 공통회원t-3				0.005*** (0.0018)		
최소적 국제기구 공통회원t-1					0.0023 (0.0071)	
최소적 국제기구 공통회원t-3						0.0047 (0.0058)
외교정책 유사도t-1	0.8807*** (0.03)	0.8722*** (0.0361)	0.8856*** (0.0312)	0.8783*** (0.0367)	0.9001*** (0.0289)	0.8947*** (0.0334)
대사급 외교관계t-1	0.004 (0.0052)	0.0061 (0.0062)	0.0066 (0.0052)	0.0081 (0.006)	0.0062 (0.0055)	0.0069 (0.0061)
경제적 상호의존	0.0105** (0.0043)	0.0094** (0.0042)	0.0116** (0.0045)	0.0097** (0.0043)	0.0112** (0.0044)	0.0096** (0.0043)
정치체제 성격 차이	-0.0031*** (0.0008)	-0.003*** (0.0008)	-0.0026*** (0.0007)	-0.0026*** (0.0008)	-0.0024*** (0.0007)	-0.0024*** (0.0007)
군사적 분쟁t-1	-0.044*** (0.0169)	-0.0495*** (0.0189)	-0.037** (0.0152)	-0.0434** (0.0172)	-0.0314* (0.0164)	-0.0391** (0.0182)
상대적 국력	0.0043 (0.0031)	0.0046 (0.0032)	0.0022 (0.0021)	0.0027 (0.0024)	0.0011 (0.0031)	0.0024 (0.0031)
상대적 소득수준	-0.0104** (0.0053)	-0.0135** (0.0058)	-0.0108* (0.0057)	-0.0142** (0.0062)	-0.0086 (0.0056)	-0.0115* (0.0061)
지리적 거리	0.0013* (0.0008)	0.0008 (0.0009)	0.0005 (0.0007)	0.0001 (0.0008)	0.001 (0.0007)	0.0007 (0.0008)
상수	0.011 (0.053)	0.0407 (0.0506)	0.0467 (0.0288)	0.0679** (0.0316)	0.082* (0.0466)	0.0889** (0.0444)
N	1705	1467	1705	1467	1705	1467
R-squared	0.9188	0.9216	0.9173	0.9207	0.9167	0.9202

주: 1) 이 표는 PCSE(괄호 안 숫자)를 적용한 OLS 분석 결과임.
2) *** $p < 0.01$; ** $p < 0.05$; * $p < 0.1$.

〈표 1-4〉 북한과의 양자 간 외교정책 선호 유사도 증가/감소 전망:
동아시아 차원(1991~2005)

변수	모델 7	모델 8	모델 9	모델 10	모델 11	모델 12
국제기구 공통회원 $t-1$	0.0062*** (0.002)					
국제기구 공통회원 $t-3$		0.0038** (0.0015)				
조직화된 국제기구 공통회원$t-1$			0.0069** (0.0028)			
조직화된 국제기구 공통회원$t-3$				0.0055** (0.0025)		
최소적 국제기구 공통회원$t-1$					0.0108 (0.0073)	
최소적 국제기구 공통회원$t-3$						0.0067 (0.0055)
외교정책 유사도$t-1$	0.7267*** (0.0731)	0.7344*** (0.0572)	0.73*** (0.0784)	0.7342*** (0.0602)	0.7539*** (0.0723)	0.758*** (0.0535)
대사급 외교관계$t-1$	0.0536*** (0.0176)	0.0585*** (0.0162)	0.0655*** (0.0199)	0.0655*** (0.0184)	0.0416** (0.0208)	0.0495*** (0.0174)
경제적 상호의존	0.0832** (0.0333)	0.0779*** (0.0266)	0.0811** (0.0336)	0.075*** (0.0266)	0.0825*** (0.0317)	0.0774*** (0.0259)
정치체제 성격 차이	-0.0022 (0.0014)	-0.0011 (0.0011)	-0.0019 (0.0016)	-0.0012 (0.0013)	-0.0017 (0.0013)	-0.0007 (0.001)
군사적 분쟁$t-1$	-0.072*** (0.0252)	-0.0856*** (0.0263)	-0.0657*** (0.0258)	-0.0839*** (0.0267)	-0.0644*** (0.0248)	-0.0799*** (0.0247)
상대적 국력	-0.0284* (0.0169)	-0.0158 (0.0119)	-0.0282* (0.0171)	-0.0151 (0.0119)	-0.0272 (0.0168)	-0.0145 (0.0118)
상대적 소득수준	-0.0349** (0.0144)	-0.031*** (0.0118)	-0.033** (0.0146)	-0.03** (0.0117)	-0.0366*** (0.014)	-0.0309*** (0.0115)
지리적 거리	-0.018*** (0.0057)	-0.0196*** (0.0045)	-0.0193*** (0.0059)	-0.0203*** (0.0047)	-0.0172*** (0.006)	-0.0188*** (0.0045)
상수	0.2139** (0.0881)	0.2341*** (0.061)	0.2368*** (0.0804)	0.2373*** (0.056)	0.2602*** (0.095)	0.255*** (0.067)
N	191	165	191	165	191	165
R-squared	0.9441	0.9683	0.9431	0.9683	0.9429	0.9678

주: 1) 이 표는 PCSE(괄호 안 숫자)를 적용한 OLS 분석 결과임.
  2) *** $p<0.01$; ** $p<0.05$; * $p<0.1$.

1, 2). 동아시아 차원에서 평가된 계수는 회원자격을 공통으로 가지는 국제기구가 한 개 증가할 때 약 0.006 또는 0.004만큼 외교정책 유사도가 증가한다는 것을 나타낸다(모델 7, 8). 그러나 국제기구 제도화의 수준을 고려하여 측정된 두 독립변수의 효과는 서로 다르다. 조직화된 국제기구들을 대상으로 한 독립변수('조직화된 국제기구 공통회원')는 전체 국제기구를 대상으로 한 변수와 유사한 효과를 보여주지만(모델 3, 4, 9, 10), 최소적 국제기구들만을 대상으로 한 변수('최소적 국제기구 공통회원')는 외교정책 선호 유사도에 통계적으로 유의미한 영향을 미치지 않는다(모델 5, 6, 11, 12). 즉, 북한과 다른 한 국가가 최소적 국제기구 몇 개에 공통으로 참여하는지는 지구적 영역에서든 또는 동아시아 지역에서든 양국 간 외교정책 선호의 유사도에 중요한 영향을 미친다고 보기 어렵다.

국제기구를 통한 상호작용이 북한과 타 회원국들 간 외교정책 선호의 유사성을 강화하는 경향이 있다는 이 연구의 주된 발견은 제도적 사회화 이론이 북한에 적용된다는 것을 경험적으로 입증한다. 국제기구는 국가들에게 학습의 기회를 제공할 뿐 아니라 상호 간 설득을 용이하게 하는 장으로서, 또한 국가들 사이에 규범이 확산되도록 촉진함으로써, 국가들의 이익과 선호의 수렴이라는 결과를 발생시킬 수 있다. 국제기구의 이와 같은 사회화 효능이 북한에게도 적용된다는 것이다. 연구 결과는 또한 국제기구를 통해 북한의 외교정책이 변화할 수 있다는 것을 의미한다. 이 연구의 발견을 다른 국가들의 외교정책 선호가 일방적으로 북한의 입장에 가까워지게 되는 것이라 해석하기는 어렵기 때문이다. 외교정책 선호 유사도의 증가분을 북한만의 변화로 받아들일 수는 없지만 적어도 부분적으로는 북한의 대외정책의 변화를 반영한 것이라고 우리는 해석할 수 있다. 다만 제도화의 수준이 매우 미약한 국제기구들의 경우에는 북한을 국제적으로 사회화시키는 효과를 가지기 어려울 것 같다. 이러한 국제기구들은 학습과 설득 그리고 규범의 확산을 촉진할 만큼 밀도 높은 국제적 상호작용의 기회를 제공하는 데에 한계가 있기 때문이다.

통제변수들의 효과에서, 우선 전년도의 외교정책 유사도는 기대한 바와 같이 이듬해의 유사도와 강한 긍정적 상관관계를 가지며, 이는 외교정책 유사도의 시간적 의존성에 기인한다. 북한과의 대사급 외교관계는 지구적 차원의 분석에서는 외교정책 선호의 유사도에 유의미한 영향을 미치지 않지만, 동아시아 차원의 분석에서는 긍정적인 효과를 가진다. 이 결과는 아직 북한과 대사급 외교를 맺지 않고 있는 동아시아의 국가가 북한과 대사급 외교관계를 수립할 때, 두 국가의 외교정책 선호가 서로 가까워질 것임을 의미한다. 북한과의 쌍방적 무역관계로 측정되는 경제적 상호의존은 지구적 차원에서건 동아시아 차원에서건 두 국가의 외교정책 선호를 유사하게 만드는 효과를 가지며, 이는 북한과의 경제적 협력의 증대가 외교정책 선호 격차의 해소로 이어질 수 있다는 것을 함의한다.

정치체제 성격 차이, 즉 민주주의 수준의 차이는 지구적 차원의 분석에서 외교정책 유사도에 부정적인 효과를 가지며, 동아시아 국가들을 대상으로 한 분석에서는 통계적으로 유의미한 효과를 가지지 않는다.

이 결과는 북한과 다른 국가들 간 민주주의 수준 차이의 감소가 지구적 차원에서는 외교정책 선호의 간극을 좁히는 효과를 가지겠지만, 동아시아 지역에서는 대외 정책적 입장을 좁히는 데 중요한 영향을 미치지 않을 것이라는 흥미로운 해석을 가능하게 한다. 북한과의 군사적 분쟁 경험은 기대한 바와 같이 양국 간 외교정책 선호의 유사도를 낮추는 효과를 갖는다. 상대적 국력은 대체로 외교정책 유사도에 유의미한 영향을 미치지 않는 것으로 보이며, 모델 7과 9에서만 국가 간 힘의 격차가 클수록 외교정책 유사도가 낮아진다는 결과를 보여준다. 상대적 소득수준은 지구적 및 동아시아 지역적 분석에서 모두 외교정책 선호의 유사도에 부정적인 효과를 가진다(모델 5 제외). 이 결과는 북한과 다른 국가 사이에 경제발전 수준의 격차가 줄어든다면 외교정책의 유사성이 증가할 것이라는 함의를 제시한다. 이는 또한 북한 경제의 낙후성을 고려할 때, 북한의 경제발전이 북한 외교정책의 국제적 조화에 긍정적으로 기여할 수 있음을 시사한다. 동아시아 차원의 분석에서 지리적 거리의 부정적 효과는 다른 모든 조건들이 동일할 때 북한은 원거리에 있는 국가들과 보다 상이한 외교정책 선호를 가지게 되는 경향이 있음을 의미한다. 지리적 거리의 이러한 효과는 지구적 차원에서는 발생하지 않는다.

6. 결론 및 함의

이 글은 제도적 사회화 이론을 북한의 국제관계에 적용하면서, 국제기구에서의 상호작용이 북한과 타 국가들의 외교정책 선호에 어떤 영향을 미치는지를 탐구했다. 국제기구 이외에 다른 가능한 변수들의 효과를 통제하면서 국제기구를 통한 상호작용이 북한과 타 회원국들 간 외교정책 선호의 유사성을 증가시키는 경향이 있음을 밝힌다. 외교정책 유사도의 증가라는 결과는 북한의 대외 정책적 선호가 다른 국가들의 이익과 정책적 입장에 좀 더 근접해진다는 것을, 즉 북한 외교정책의 변화를 내포한다. 국제기구가 북한의 국제적 사회화에 긍정적으로 기여한다는 이러한 발견은 국제기구가 제공하는 사회화 메커니즘, 즉 학습과 설득 그리고 규범의 확산에 의한 변화로 설명될 수 있다. 최소적 국제기구에서의 회원 지위 공유와 외교정책 유사도 사이에 유의미한 상관관계가 없다는 또 하나의 분석 결과는 국제기구가 유의미한 사회화 기관으로서 역할을 하기 위해서는 그에 상응하는 수준의 제도화가 필요하다는 것을 의미한다.

구성주의에 기초한 제도적 사회화 이론이 북한 외교정책의 변화를 설명한다는 경험적 발견은 북한의 변화를 위한 국제기구의 역할과 관련하여 중요한 함의를 제공한다. 북한의 대외정책이 자주권 존중을 최우선적 원칙으로 삼고 국제기구가 강압적 권력기관화 되는 것을 매우 경계한다는 점은 합리주의 전통에 기초한 제도주의 이론이 제시하는 물리적 보상과 처벌의 메커니즘이 북한에게는 작동되기가 쉽지 않다는 것을 의미한다. 국제기구를 비롯한 국제공동체의 북한에 대한 경제 제재가 북한 대외정책의 변화를 끌어내지 못하고 있는 이유는 북한 정치체제의 권위주의적 특성뿐만 아니라 자주권을 강조하는 북한의 국제관과도 밀

접한 관계가 있다고 볼 수 있다. 연구의 결과는 강압적 수단을 이용하지 않고서도 또는 북한이 주장하는 자주권을 침해하지 않고서도 국제제도 혹은 국제기구가 제공하는 사회화의 메커니즘을 통해서 북한의 변화를 유도할 수 있다는 것을 함의한다. 따라서 북한의 국제적 고립과 대립을 더욱 심화시킬 수 있는 제재보다는 국제제도를 통한 대북한 관여정책,[69] 즉 기존의 국제제도 또는 새롭게 구성 가능한 국제제도의 틀에서 북한과 활발한 사회적 상호작용을 추진하는 것이 북한의 이익과 외교정책의 변화를 위해 더욱 필요한 방책이 될 수 있다. 국가 간 이익의 차이 또는 외교정책 선호의 이질성은 군사적 갈등과 분쟁의 중요한 요인이다. 따라서 이 글의 결과는 국제제도를 통해 북한의 국제적 사회화를 도모하는 대북한 관여정책이 국가 간 이익의 유사성을 증가시키면서 북한과의 군사적 갈등을 줄이고 평화에 기여할 수 있다는 점을 함께 시사한다.

---

[69] 관여정책의 개념에 대한 상세한 논의는 다음을 참조하라. 김근식, 『대북포용정책의 진화를 위하여』(한울, 2011).

참고문헌

1. 국내 문헌

1) 단행본

김근식. 2011. 『대북포용정책의 진화를 위하여』. 한울.

김찬규·이규창. 2009. 『북한 국제법 연구』. 한국학술정보.

박재규. 1997. 『북한의 신외교와 생존전략』. 나남출판.

이규창. 2008. 『북한의 국제법관』. 한국학술정보.

장명봉 엮음. 2013. 『최신 북한법령집: 북한법연구회 창립 20주년 기념 자료집』. 북한법연구회.

2) 논문

구갑우·최완규. 2011. 「북한의 동북아 지역정책」. 이수훈 엮음. 『북한의 국제관과 동북아 국제질서』. 한울.

김근식. 2013. 「김정은 시대 북한의 대외전략 변화와 대남정책: '선택적 병행' 전략을 중심으로」. ≪한국과 국제정치≫, 제29권 1호.

김도형·최종건. 2012. 「북한의 국제경제 세계관 분석」. ≪한국과 국제정치≫, 제28권 4호.

김상기. 2014. 「지역 국제기구의 제도화와 강대국의 내전 개입 가능성」. ≪한국과 국제정치≫, 제30권 3호.

김성배·조동호. 2012. 「김정은의 북한과 공진·복합의 대북정책」. ≪EAI 국가안보패널 연구보고서: 2010년대 한국외교 10대 과제≫, No. 43.

박상현. 2009. 「북한 대외정책의 합리성에 관한 고찰: 약소국의 전략적 상호작용과 인지심리학적 함의를 중심으로」. ≪통일정책연구≫, 제18권 1호.

백성호. 2005. 「김일성 사후 북한 외교노선의 변화와 대외관계의 특징: 1995년부터 2004년까지 ≪로동신문≫의 사설 분석을 중심으로」. ≪국제정치논총≫, 제45집 4호.

서보혁. 2013. 「유엔 북한인권정책의 특징과 추세」. ≪현대정치연구≫, 제6권 1호.

우승지. 2014. 「탈냉전 시기 북한의 의존 네트워크 분석」. ≪한국정치학회보≫, 제48집 2호.

유호열 외. 2008. 「북한과 UNDP·UNIDO와의 과학기술 교류·협력: 북한의 입장과 이해관계를 중심으로」. ≪북한연구학회보≫, 제12권 2호.

윤대규·임을출. 2010. 「동북아 안보레짐: 북한의 국제법적 인식과 대응」. ≪현대북한연구≫, 제13권 3호.

이상숙. 2008. 「북미관계 개선 이후 북한의 대중정책: 미중관계 변화를 중심으로」. ≪북한학연구≫, 제4권 1호.

이유진. 2010. 「북한과 국제사회의 상호의존도를 중심으로 살펴본 북한인권개선연구」. ≪국제정치논총≫, 제50집 1호.

임재형. 2002. 「북한외교정책결정과정의 특징과 군의 역할: 김정일 시대를 중심으로」. ≪북한연구학회보≫, 제6권 1호.

차문석. 2014. 「북한의 외교 및 협상의 행태(行態)」. ≪한국정치외교사논총≫, 제36집 1호.

황지환. 2014. 「김정은 시대 북한의 대외전략: 지속과 변화의 '병진노선'」. ≪한국과 국제정치≫, 제30권 1호.

2. 북한 문헌

1) 논문

리수영. 1998. 「국가자주권존중의 원칙에 관한 독창적인 사상」. ≪김일성종합대학학보: 력사·법학≫, 제44권 3호.

한영서. 2000. 「국제기구의 본질과 그것이 갖추어야 할 조건」. ≪김일성종합대학학보: 력사·법학≫, 제46권 2호.

3. 외국 문헌

1) 단행본

Box-Steffensmeier, Janet and Bradford Jones. 2004. *Event History Modeling:*

  A Guide for Social Scientists. Cambridge: Cambridge University Press.

Fazal, Tanisha M. 2007. *State Death: the Politics and Geography of Conquest, Occupation, and Annexation*. Princeton: Princeton University Press.

Keohane, Robert O. 1984. *After Hegemony: Cooperation and Discord in the World Political Economy*. Princeton: Princeton University Press.

Kim, Samuel S. 2007. *North Korean Foreign Relations in the Post-Cold War World*. Carlisle: Strategic Studies Institute.

Wendt, Alexander. 1999. *Social Theory of International Politics*. Cambridge: Cambridge University Press.

2) 논문

Barbieri, Katherine, Omar M. G. Keshk and Brian Pollins. 2009. "Trading Data: Evaluating Our Assumptions and Coding Rules." *Conflict Management and Peace Science*, 26(5).

Bearce, David H. and Stacy Bondanella. 2007. "Intergovernmental Organizations, Socialization and Member-State Interest Convergence." *International Organization*, 61(4).

Beck, Nathaniel and Jonathan N. Katz. 1995. "What to do (and not to do) with Time-Series Cross-Section Data." *American Political Science Review*, 89(3).

Boehmer, Charles, Erik Gartzke and Timothy Nordstrom. 2004. "Do Intergovernmental Organizations Promote Peace?" *World Politics*, 57(1).

Cao, Xun. 2009. "Networks of Intergovernmental Organizations and Convergence in Domestic Economic Policies." *International Studies Quarterly*, 53(4).

Checkel, Jeffrey T. 1999. "Social Construction and Intergration." *Journal of*

European Public Policy, 6(4).

Checkel, Jeffrey T. 2005. "International Institutions and Socialization in Europe: Introduction and Framework." *International Organization*, 59(4).

Duffield, John. 2007. "What Are International Institutions?" *International Studies Review*, 9(1).

Fearon, James and Alexander Wendt. 2002. "Rationalism v. Constructivism: A Skeptical View." In Walter Carlsnaes, Thomas Risse and Beth A. Simmons(eds.). *Handbook of International Relations*. Los Angeles: Sage.

Finnemore, Martha. 1993. "International Organization as Teachers of Norms: the United Nations Educational, Scientific, and Cultural Organization and Science Policy." *International Organization*, 47(4).

Finnemore, Martha and Kathryn Sikkink. 1998. "International Norm Dynamics and Political Change." *International Organization*, 52(4).

Gartzke, Erik. 1998. "Kant We All Just Get Along? Opportunity, Willingness, and the Origins of the Democratic Peace." *American Journal of Political Science*, 42(1).

Gartzke, Erik, Quan Li and Charles Boehmer. 2001. "Investing in the Peace: Economic Interdependence and International Conflict." *International Organization*, 55(2).

Gleditsch, Kristian S. 2002. "Expanded Trade and GDP Data." *Journal of Conflict Resolution*, 46(5).

Gleditsch, Kristian S. and Michael D. Ward. 2001. "Measuring Space: A Minimum-Distance Database and Applications to International Studies." *Journal of Peace Research*, 38(6).

Greenhill, Brian. 2010. "The Company You Keep: International Socialization and the Diffusion of Human Rights Norms." *International Studies Quarterly*, 54(1).

Jepperson, Ronald L., Alexander Wendt and Peter J. Katzenstein. "Norms, Identity and Culture in National Security." In Peter J. Katzenstein(ed.). *The Culture of National Security: Norms and Identity in World Politics.* New York: Columbia University Press, 1996.

Johnston, Alastair Iain. 2001. "Treating International Institutions as Social Environments." *International Studies Quarterly*, 45(4).

Lai, Brian and Daniel S. Morey. 2006. "Impact of Regime Type on the Influence of U.S. Foreign Aid." *Foreign Policy Analysis*, 2(4).

Oneal, John R. and Bruce Russett. 1999a. "Is the Liberal Peace Just an Artifact of Cold War Interests? Assessing Recent Critiques." *International Interactions*, 25(3).

_____. 1999b. "Assessing the Liberal Peace with Alternative Specifications: Trade Still Reduces Conflict." *Journal of Peace Research*, 36(4).

Oye, Kenneth. 1985. "Explaining Cooperation under Anarchy: Hypotheses and Strategies." *World Politics*, 38(1).

Palmer, Glenn et al. 2015. "The MID4 Data Set, 2002~2010: Procedures, Coding Rules, and Description." *Conflict Management and Peace Science*, 32(2).

Pevehouse, Jon C., Timothy Nordstrom and Kevin Warnke. 2004. "The COW-2 International Organizations Dataset Version 2.0." *Conflict Management and Peace Science*, 21(2).

Signorino, Curtis S. and Jeffrey M. Ritter. 1999. "Tau-b or Not Tau-b: Measuring the Similarity of Foreign Policy Positions." *International Studies Quarterly*, 43(1).

Singer, J. David. 1987. "Reconstructing the Correlates of War Dataset on Material Capabilities of States, 1816~1985." *International Interactions*, 14(2).

Smith, Hazel. 2000. "Bad, Mad, Sad, or Rational Actor? Why the 'Securitization' Paradigm Makes for Poor Policy Analysis of North Korea." *Inter-*

national Affairs, 76(3).

Stryker, Sheldon and Anne Statham. 1985. "Symbolic Interaction and Role Theory." In Gardner Lindzey and Elliot Aronson(eds.). *The Handbook of Social Psychology*. New York: Random House.

Wendt, Alexander. 1992. "Anarchy is What States Make of It: the Social Construction of Power Politics." *International Organization*, 46(2).

_____. 1995. "Constructing International Politics." *International Security*, 20(1).

3) 기타

Bayer, Resat. "Diplomatic Exchange Dataset(v2006.1)." http://www.correla tesofwar.org/(검색일: 2015.2.25)

Marshall, Monty G., Ted Robert Gurr and Keith Jaggers. 2014. "Polity IV Project: Political Regime Characteristics and Transitions, 1800~2013." http://www.systemicpeace.org/(검색일: 2015.1.28)

The United Nations. "Charter of the United Nations." http://www.un.org/ en/documents/charter/(검색일: 2015.1.28)

Voeten, Erik, Anton Strezhnev and Michael Bailey. 2009 "United Nations General Assembly Voting Data." http://hdl.handle.net/1902.1/12379, Harvard Dataverse, V&/(검색일: 2015.1.28)

제2장

북한의 시장화 법제 개혁과 삶의 질의 변화

글로벌 거버넌스의 역할을 위한 함의

김상기

1. 서론

북한 경제의 시장화는 점진적이지만 이미 거스르기 어려운 추세에
이르고 있다.[1] 냉전의 종식과 동구 사회주의권의 몰락 그리고 1990년대
중·후반 고난의 행군은 북한 주민들 사이에서의 자생적 시장화를 촉진
했고, 기존의 계획경제와 새롭게 부상하는 시장경제가 공존하게 되었
다. 북한 정부는 자생적 시장화를 법·제도적으로 흡수하면서 능동적으
로 대응했고, 그 대응은 2002년 7·1 경제관리개선조치로 표면화되었다.
그러나 시장화의 가속화로 인해 북한 정부 내부에서는 사회주의 체제에

---

1 양문수, 「북한의 시장화: 추세와 구조 변화」, ≪KDI 북한경제리뷰≫, 제15권 6호(2013),
   45~70쪽; 권영경, 「북한시장의 구조화 과정과 김정은 정권의 경제개혁 가능성 분석」,
   ≪동북아경제연구≫, 제25권 4호(2013), 165~196쪽.

대한 위기의식이 고조되었으며, 이는 2007년부터 본격화된 반시장화 정책으로 이어졌다. 북한의 반시장화 정책은 2009년 화폐개혁으로 정점에 이른다. 하지만 반시장화 정책이 시장화 추세를 가로막기는 어려웠으며, 화폐개혁은 화폐유통의 급감과 상품거래의 위축이라는 경제적 위기를 야기했다.[2] 결국 북한은 2010년 시장화 억제 조치를 철회했고, 김정은 정권 시대에 들어서 북한의 시장화 개혁은 더욱 확대되었다.[3]

이와 같은 북한의 시장화 과정 및 계획경제와 시장경제의 병존 양상은 동구 유럽과 중국, 베트남을 비롯한 (구)사회주의권 국가들의 체제전환 과정과 비교되어왔으며,[4] 북한경제의 시장화 및 국제경제로의 통합을 유도하기 위한 방안에 대한 연구가 진행되어왔다.[5] 유력한 방안으로 제시되어온 것은 바로 글로벌 거버넌스(global governance)의 주요 행위자들 역할이다. 즉, 정부 간 국제기구(IGO: International Governmental Organizations), 비정부 국제기구(INGO: International Nongovernmental Organizations), 혹은 개별 국가의 기관들이 동유럽, 중국, 베트남의 시장화 과정에서 긍정적 역할을 한 바와 같이 북한의 경우에도 시장화 개혁과 관련된 법·제도의 구축 과정에서 중요한 기여를 할 수 있다는 것

---

2 같은 글.

3 이 글에서 시장화는 "공간적 시장뿐만 아니라 시장경제 요소 도입을 통한 경제시스템의 변화"를 함께 지칭하는 개념이다. 임강택 외, 『북한 경제발전을 위한 국제협력 프로그램 실행방안』(통일연구원, 2012), 35쪽.

4 예를 들어 정영화·김계환, 『북한의 시장경제이행』(집문당, 2007).

5 예를 들어 임강택 외, 『북한 경제발전을 위한 국제협력 프로그램 실행방안』; 임을출, 「국제기구의 중국·베트남 시장경제법제개혁 지원사례: 북한 적용과 시사점」, ≪통일정책연구≫, 제21권 2호(2012), 89~118쪽.

이다.

기존 연구들이 북한의 시장화 개혁을 위한 글로벌 거버넌스의 과제를 제시하지만,[6] 그 과제가 분명한 정당성을 확보하고 더욱 뚜렷한 방향성과 구체성을 가지기 위해서는 북한경제의 시장화가 북한 주민들의 삶에 어떤 영향을 미치는지가 먼저 평가되어야 할 것이다. 기존 연구들은 북한의 시장화 개혁이 북한 경제를 활성화하고 결국에는 주민들의 물리적 삶을 개선시킬 것이라고 명시적으로든 암묵적으로든 전제하는 경향이 있으며, 이러한 전제는 북한 경제의 시장화 촉진을 위한 국제적 관여정책을 정당화하는 중요한 명분이자 이유가 된다.[7] 그러나 북한에서 시장화가 주민들의 삶의 질을 개선시킨다는 것은 어쩌면 '당연한 사실'이 아닐 수도 있으며, 두 변수 사이의 상관관계에 대한 경험적 연구는 매우 미진하다.[8]

만약 지난 시기 북한에서의 시장화 개혁이 주민들의 삶의 질 개선에 긍정적 영향을 미치지 못했다고 한다면, 그 실패의 원인부터 우선 분석

---

6   임강택 외, 『북한 경제발전을 위한 국제협력 프로그램 실행방안』; 임을출, 「국제기구의 중국·베트남 시장경제법제개혁 지원사례: 북한 적용과 시사점」; 허준영, 「새로운 대북지원 방향 모색을 위한 탐색적 연구: 북한 고급인력에 대한 시장경제 교육을 중심으로」, ≪행정논총≫, 제50권 4호(2012).

7   예를 들어 김수암 외, 『북한주민의 삶의 질: 실태와 인식』(통일연구원, 2011), 259쪽.

8   북한 경제의 시장화와 주민들의 물질적 삶의 질 사이의 상관관계에 관한 연구가 매우 드문 가운데, 헤이즐 스미스(Hazel Smith)는 2002년부터 2004년까지 북한 주민들의 영양상태에 대한 분석을 통해 시장에 대한 접근 기회의 증가가 영양상태 개선의 중요한 이유임을 밝힌다. 헤이즐 스미스 외, 「북한의 시장화, 불균등, 지역」, ≪KDI 북한경제리뷰≫, 제11권 9호(2009). 그러나 스미스의 연구는 분석기간이 짧으며 단일한 지표만을 활용한다는 약점이 있다. 이 글은 상대적으로 긴 시간 범위(1990~2013)에서 삶의 질에 대한 다양한 지표를 가지고 시장화 개혁의 효과를 좀 더 면밀하게 분석하고자 한다.

해야 할 것이며, 글로벌 거버넌스의 북한 경제 시장화 촉진 역할은 더욱 더 신중해져야 할 것이다. 반대의 경우라면 글로벌 거버넌스의 행위자들은 북한의 시장화 개혁을 위해 좀 더 적극적이며 포괄적인 역할 수행을 위한 계획을 세워나가야 할 것이다. 글로벌 거버넌스의 역할이 북한의 경제적 자유화라는 외부 관여자의 이념적·전략적 목표의 성취 자체에 초점이 맞추어진 것이 아니라면, 그 역할을 논하기 이전에 북한의 시장화 개혁이 북한 주민의 삶의 질을 개선시키는지 아닌지에 대한 평가가 선행되어야 할 것이다.

이러한 배경에서 이 글은 두 가지 목적을 가지고 전개된다. 첫째는 냉전 종식 이후 북한이 추진해온 시장화 법제 개혁과 반시장화 정책이 북한 주민들의 물질적 삶의 질에 각각 어떤 영향을 미쳐왔는지를 경험적으로 평가하는 것이다. 경험적 평가를 위한 자료로는 세계은행(World Bank)과 한국 통계청이 제공하는 북한의 경제성장률, 1인당 전기 소비량, 1인당 영양 섭취량, 유아사망률을 사용한다. 둘째, 그 평가에 근거하여 글로벌 거버넌스가 북한 경제의 개혁 그리고 궁극적으로 주민들의 삶의 질 개선에 기여하기 위한 방안의 탐색을 모색할 것이다. 이와 같은 북한의 체제전환에 관한 몰이념적 접근은 북한에서의 시장화 개혁과 경제적·사회적 발전의 관계에 대한 구체적 평가 없이 시장화를 긍정적인 것으로 당연하게 전제해온 기존 연구들의 한계를 보완하면서, 글로벌 거버넌스의 과제 및 역할과 관련하여 좀 더 타당한 정책적 함의를 제공하도록 도울 수 있다.

이 같은 목적을 위해 이 글에서는 우선 탈냉전기 20여 년간의 북한의 시장화 개혁 과정을 6단계 — 탈냉전 초기(1990~1994), 고난의 행군기(1995~1998), 시장화 준비기(1999~2001), 시장화 추진기(2002~2006), 시장화 후퇴기(2007~2009), 시장화 부활기(2010~현재) — 로 나누고, 각 단계별로 취해진 시장화 혹은 반시장화를 위한 법제적 조치들을 검토한다.[9] 다음으로는 시기별로 북한 주민들의 물리적 삶의 질이 어떻게 변화해왔는지를 경험적 자료에 근거하여 분석한다. 마지막으로 북한 주민들의 삶의 질을 개선하기 위한 글로벌 거버넌스의 역할에 대해 논한다.

2. 탈냉전기 북한의 시장화 법제 개혁: 6단계의 시기별 특징

시장화 개혁 혹은 시장경제로의 전환은 시장을 구성하는 행위자들의 역할과 행동, 자원의 배분과 관련된 법·제도적 변화를 요구한다. 법·제도적 개혁은 정치적 민주화를 동반한 동구 사회주의 국가들의 경제체제 전환 과정에서는 물론이고, 중국과 베트남 같은 정치적 체제 변환을 동반하지 않은 경우에도 필연적으로 요구되는 과정이었다.[10] 북한도 예외는 아니다. 1990년 이후로 전개된 북한의 시장화 개혁 그리고 반시장화

---

9 북한 시장화 법제 개혁 관련 시기 구분은 양문수의 연구에 기초한다. 양문수, 「북한의 시장화: 추세와 구조 변화」.
10 민경배, 「체제전환국 법제의 특징과 구조」, ≪통일문제연구≫, 제46호(2006), 217~260쪽; 윤대규·김근식, 「체제전환 국가의 기본법 원칙의 구현 및 집행에 관한 연구」, ≪통일문제연구≫, 제19권 1호(2007), 5~42쪽; 김동한, 「중국 경제관련법 변화과정과 북한 경제관련법에 주는 시사점」, ≪북한학연구≫, 제3권 2호(2007), 67~102쪽.

정책은 법·제도적 조치를 통해서 공식화되었다. 여기에서는 북한의 시장화 개혁과정에서 발생한 법·제도적 변화를 여섯 단계의 시기로 구분하고 그 구체적 변화의 내용을 살펴보고자 한다.

1) 탈냉전 초기(1990~1994)

냉전의 종식과 더불어 진행된 동구 사회주의의 몰락은 북한의 경제에 큰 타격을 입혔다. 사회주의권의 붕괴는 과거에 북한 경제를 상당 부분 지탱해왔던 북한과 사회주의 국가들 간의 쌍무무역을 급감하게 만들었고, 이는 북한 경제의 침체로 이어졌고 생필품을 비롯한 소비재의 공급 부족을 낳으면서 북한 주민들의 물질적 삶의 질을 저하시키기에 충분했다.

북한 정부는 변화된 대외관계 현실에 대응하고 경제를 회복시키기 위해 1990년에서 1992년 사이 민법과 상업법을 부문법 형식으로 제정했으며, 이를 통해 국가, 단체, 개인의 소유관계, 제품의 공급과 수송 등에 관한 거래관계, 상품의 생산과 소비에 관한 규정 등을 새롭게 갖추어 나갔다.[11] 다른 한편 북한 정부는 시장경제체제 국가와의 무역을 통해 상품을 수출하고 부족한 재화의 공급을 확대하기 위해 1991년 '새로운 무역체계'를 도입했다.[12] 그러나 북한 정부의 이러한 노력은 시장화 개

---

11 윤대규·김근식, 「북한의 시장경제제도로의 이행에 따른 경제관련 법제의 변화」, ≪공법연구≫, 제36집 3호(2008), 171~199쪽.
12 권영경, 「북한시장의 구조화 과정과 김정은 정권의 경제개혁 가능성 분석」.

혁으로 간주되기는 어려운 것이었으며, 실질적 효과도 크지 않았다. 예를 들어 새로운 무역체계는 여전히 중앙관리기관의 계획과 통제에 따를 것을 요구했으며, 따라서 대외무역의 확대라는 소기의 성과를 거두는데 실패했다.[13] 북한 정부의 의도와 달리 새로운 무역체계의 도입은 북중 접경지역에서의 밀무역을 촉진하여 이후에 농민시장이 상설적인 장마당으로 변모하게 되는 한 요인이 되었다.[14]

2) 고난의 행군기(1995~1998)

1995년에서 1998년까지 지속된 북한의 대기근과 그에 따른 고난의 행군은 한국전쟁 이후 북한 최대의 위기였다. 특히 국가 배급제의 붕괴는 치명적이었으며, 북한 주민들의 삶의 토대를 위협했다.[15] 그러나, 고난의 행군 시기는 시장화에서는 기회의 시간이었다. 북한 주민들은 생존을 위해 자구책을 마련하기 시작했고, 그 결과는 비합법적 암시장의 활성화였다. 암시장을 통해서 북한 주민들은 개인의 재산, 개인이 생산한 농축산물, 심지어는 일부 생산재까지 활발하게 거래하기 시작했고, 거래의 주체도 순수한 개인에서 농장 혹은 공장 구성원 차원으로 변모해나갔다.[16] 기존에 10일 간격으로 열리던 시장이 매일 열리게 되었고,

---

13 윤대규·김근식, 「북한의 시장경제제도로의 이행에 따른 경제관련 법제의 변화」.
14 권영경, 「북한시장의 구조화 과정과 김정은 정권의 경제개혁 가능성 분석」.
15 양문수, 「북한의 시장화: 추세와 구조 변화」.
16 같은 글.

상설시장에서 '매대장사'로 정착하는 이들이 증가했으며, 시장 이용자의 전체적 규모도 급속도로 확장되었다.[17]

고난의 행군 시기 북한 정부는 이러한 암시장의 확대를 묵인했다. 정부 차원의 배급체계가 붕괴된 상황에서 북한 주민들의 생존을 위한 자구책을 통제하기 어려웠던 것이다. 김정일은 1995년 공장, 기업소 등 각 기관별로 식량문제를 자체적으로 해결할 것을 지시했고, 중앙의 행정기관은 물론 지방의 행정기관들까지 자체적으로 외화벌이를 위한 활동에 나섰으며, 이러한 활동은 암시장 혹은 장마당을 더욱 팽창시키는 결과를 낳았다.[18] 고난의 행군 시기 북한 경제의 시장화는 정부 주도의 개혁에 의한 것이라기보다는 '먹고사는 문제'를 해결하기 위한 북한 주민의 자구책이었던 것이다.

3) 시장화 준비기(1999~2001)

고난의 행군을 거치며 북한 주민들의 삶은 점점 자생적 암시장에 의존되어갔으며, 시장의 주도자 또한 일반 주민에서 점점 국가기관들로 변화해나갔다. 1998년 공식적으로 출범한 김정일 정부는 이러한 변화에 능동적으로 대응하기 시작했으며, 그 대응은 1998년에서 1999년 사이의 법제 개혁으로 나타났다.

---

17 권영경, 「북한시장의 구조화 과정과 김정은 정권의 경제개혁 가능성 분석」; 양문수, 「북한의 시장화: 추세와 구조 변화」.
18 권영경, 「북한시장의 구조화 과정과 김정은 정권의 경제개혁 가능성 분석」.

특히 1998년 헌법 개정과 1999년 민법 개정은 소유의 주체와 범위를 확장시키는 결과를 낳았다. 법제 개혁에 의해 과거 국가와 협동단체에 국한되었던 소유의 주체는 국가, 사회단체, 그리고 협동단체로 확대되었고, 기업 형태의 사회단체가 경제활동을 벌일 근거가 마련되었다. 또한 "터밭경리를 통해 얻는 이윤 외에"도 농민시장에서의 물물교환이나 상거래를 통해 얻은 이득도 "개인 소유로 인정하여, 7·1 조치 등 향후 도래할 사적 영역의 확대에 따른 상품경제를" 대비해나갔다.[19] 즉, 1999년부터 2001년 사이의 시기는 이전 고난의 행군기에 자생적으로 확대된 시장을 제도적으로 포섭하고 향후 시장화 개혁을 본격화해나가기 위한 법제적 준비를 갖추어나갔던 기간이었다고 할 수 있다.

4) 시장화 추진기(2002~2006)

2002년은 북한의 시장화 개혁에서 가장 의미 있는 해라고 할 수 있다. 7·1 경제관리개선조치가 공표된 해이기 때문이다. 고난의 행군 시기를 거치며 정부의 묵인하에 활성화된 비합법적 암시장은 2002년 이 조치 및 2006년까지 연이어 공표된 후속 관련 조치들을 통해서 합법적으로 제도화되었으며, 이러한 제도화는 사실상 시장경제 메커니즘의 부분적 도입을 의미했다.[20]

---

19 윤대규·김근식, 「북한의 시장경제제도로의 이행에 따른 경제관련 법제의 변화」, 181~182쪽.

20 양문수, 「북한의 시장화: 추세와 구조 변화」.

7·1 경제관리개선조치는 가격·임금·환율, 재정금융, 농업, 기업, 상업·유통·서비스, 대외경제관계에 이르는 광범한 영역에서 시장화를 촉진시키는 내용을 담고 있다.[21] 예를 들어, 농업과 관련해서는 곡물수매가의 50배 인상, 농장의 경영자율성 확대를 포함하며, 기업 부문에서는 독립채산제의 본격적 실시, 노동 인센티브 강화, 기업의 경영자율성 확대 등을 포함한다. 또한 후속 조치는 개인의 식당 및 서비스업의 사실상 허용, 종합시장의 개설, 그리고 대외경제특구(예: 신의주특별행정구, 금강산관광지구, 개성공업지구)의 지정을 포함했다. 특히 2003년 3월 종합시장의 도입은 소비재 시장의 공식적 허용으로서 중요한 의미를 갖는다.[22] 이전 시기 농민시장에서는 농토산물만 합법적으로 거래되었으나 종합시장에서는 공산품까지 합법적으로 유통되었다. 결국 7·1 경제관리개선조치는 북한 내에 계획경제와 시장경제가 공존하게 되는 출발점이 되었다.[23]

---

21 이와 관련한 구체적인 사항은 양문수, 「북한의 시장화: 추세와 구조 변화」, 50쪽 참조.

22 같은 글.

23 권영경, 「북한시장의 구조화 과정과 김정은 정권의 경제개혁 가능성 분석」. 정영철은 북한에서의 이와 같은 계획경제와 시장경제의 공존을 '시장 사회주의' 실험 혹은 도입으로 평가한다. 시장 사회주의론은 자본주의에서 계획이 존재하듯이 사회주의에서도 시장이 존재할 수 있다는 점을 지적하면서 계획과 시장의 결합 혹은 조화 필요성을 강조한다. 중국식 사회주의 시장경제가 하나의 사례일 수 있다. 이와 관련하여 다음을 참조하라. 정영철, 「북한의 시장화 개혁: 시장 사회주의의 북한식 실험」, ≪북한연구학회보≫, 제8권 1호(2004), 77~104쪽.

5) 시장화 후퇴기(2007~2009)

2002년 7·1 경제관리개선조치 이후 시장화 개혁을 추진하던 북한 정부는 2007년부터 다시 반시장화 정책을 펴나간다. 그 주된 요인은 종합시장의 활성화를 포함한 북한 경제의 시장화가 사회주의 체제를 위협한다는 것이었다. "시장이 비사회주의 서식 장으로 되었다"라는 김정일의 지적은 북한에서 반시장화 정책이 전개되는 시발점이 되었다.[24]

2007년부터 전개된 북한의 반시장화 정책은 시장에 대한 단속, 통제, 감시로 대표된다.[25] 2007년 4월부터 시장에서 장사를 할 수 있는 연령을 45세 이상으로 제한했고, 같은 해 9월에는 전국 시장에서 쌀 판매가 금지되었으며, 2008년 초에는 시장에서 거래 가능한 물품에서 공산품을 배제하고 농·토산물만이 유통되도록 했다. 또한 모든 개인은 1억 원 이상의 현금을 소유하지 못하도록 통제했고, 개인이 서비스업, 버스, 어선 등의 사업에 투자할 수 없도록 제한했다. 더욱이 2009년 1월에는 모든 종합시장을 농민시장으로 환원한다고 공표하고, 종합시장의 순차적 폐쇄를 추진해나갔다.

---

24 양문수, 「2000년대 북한의 반(反)시장화 정책: 실태와 평가」, ≪현대북한연구≫, 제15권 1호(2012), 93쪽.

25 여기에 제시된 북한의 반시장화 조치와 관련하여 양문수, 「2000년대 북한의 반(反)시장화 정책: 실태와 평가」, 90~94쪽; 양문수, 「북한의 시장화: 추세와 구조 변화」 참조.

6) 시장화 부활기(2010~현재)

2007년부터 전개된 북한의 반시장화 정책은 고난의 행군기에 형성되기 시작했고 7·1 경제관리개선조치를 통해 가속화된 시장화의 추세를 거스르기는 어려웠다.[26] 특히 2009년 시장화 억제 정책의 일환으로 단행된 화폐 개혁은 화폐유통량의 축소 및 시장에서의 상품 유통 급감이라는 결과를 초래하면서 북한 경제에 치명타를 가했다.[27] 결국 북한 정부는 2010년 5·26 조치를 공표하면서 시장에 대한 억제정책을 철회했다.[28] 2010년 5월 이후 북한은 시장에 대한 단속과 통제를 포기하지는 않았으나, 전반적으로는 시장에 대한 유화적인 정책을 유지했다.[29] 더욱이 김정은 집권 이후 공식적인 발표는 없었지만 내부적으로 추진된 것으로 알려지고 있는 2012년의 '6·28 새 경제관리체계'는 협동농장과 기업의 자율성을 더욱 확대하는 등의 개혁 조치들을 담고 있으며, 북한 경제의 시장화를 촉진해왔다고 평가되고 있다.[30]

---

26 권영경, 「북한시장의 구조화 과정과 김정은 정권의 경제개혁 가능성 분석」; 양문수, 「북한의 시장화: 추세와 구조 변화」 참조.

27 권영경, 「북한시장의 구조화 과정과 김정은 정권의 경제개혁 가능성 분석」.

28 양문수, 「북한의 시장화: 추세와 구조 변화」.

29 같은 글.

30 김정은 정권의 6·28 조치에 대한 더욱 구체적인 내용과 관련하여 다음을 참조하라. 권영경, 「북한시장의 구조화 과정과 김정은 정권의 경제개혁 가능성 분석」; 이영훈, 「김정은 시대의 경제: 핵무력 병진노선의 특징과 지속 가능성」, ≪북한연구학회보≫, 제19권 1호(2015), 1~26쪽.

3. 북한의 시장화 개혁과 주민들의 삶의 질 변화: 경험적 분석

지금까지 살펴본 바와 같이 북한 경제의 시장화 과정은 뚜렷한 시기별 특성을 가진다. 냉전 종식 이후 북한 정부는 대외관계 변화에 따른 법제적 개혁을 단행하여 북한 경제체제에 시장주의적 요소가 가미되기는 했으나, 이 시기를 시장화 단계로 보기는 어렵다. 북한 경제의 시장화 경향은 고난의 행군 시기 북한 주민들의 생존에 대한 요구로부터 발생한 것으로 볼 수 있다. 고난의 행군 시기 자생적 시장화는 1990년대 말 시장화 개혁의 법제적 준비 단계를 거쳐, 2002년 7·1 경제관리개선조치로 이어지며 합법적으로 제도화되었다. 시장화의 빠른 전개는 사회주의 체제를 고수하고자 하는 북한 정부의 위기의식을 낳아 2007년 반시장화 정책으로 이어졌으나, 2010년 이후 다시 북한 정부는 시장화 억제조치를 철폐하고, 시장에 유화적인 정책기조를 견지하고 있다.

그렇다면, 북한의 시장화 개혁과 반시장화의 제도적 조치는 각각 북한 주민들의 물질적 삶의 질에 어떤 영향을 미쳤는가? 기존 연구들이 시장화 개혁이 북한 경제 활성화에 도움이 될 것이며, 따라서 주민들의 삶의 질도 개선될 것이라 전제하는 경향이 있지만, 반드시 그렇지는 않을 수도 있다. 예를 들어, 1980년대 사회주의 체제를 유지했던 니카라과의 경우 1990년 내전 종결 이후 미국의 개입하에 시장 자유화 조치들을 취했지만, 그 결과는 경제 성장률 감소, 취업률 감소, 교육 및 보건 등 측면에서의 복지 축소였다.[31] 시장화 개혁이 니카라과 시민들의 삶의 질을 오히려 악화시켰다고 볼 수 있다.

이 글에서는 북한의 시장화 개혁 및 반시장화 정책이 주민들의 삶의 질에 어떤 영향을 미쳤는지를 경험적으로 평가하기 위해 네 가지 지표를 사용한다.[32] 분석 기간은 1990년부터 2013년까지이다.[33] 첫째 지표인 경제성장률은 북한의 국내총생산(GDP: Gross Domestic Product)의 연례적 변화율로 측정되며, 한국 통계청 자료에 근거한다.[34] 둘째는 1인당 전기 소비량이며, 세계은행 자료를 활용한다.[35] 셋째는 유아사망률이며, 이는 1000명의 신생아 중 1년 이내에 사망한 신생아 숫자를 의미한다. 유아사망률 자료 또한 세계은행 자료에 근거한다. 마지막 지표는 1인당 1일 영양 섭취량이며, 통계청 자료를 이용한다. 이 네 가지 지표를 이용하여 앞에서 기술한 여섯 단계의 시기 동안 북한 주민들의 삶의 질이 어떻게 변했는지를 확인하고자 한다.[36]

---

31 William I. Robinson, *Promoting Polyarchy: Globalization, US Intervention and Hegemony*(Cambridge: Cambridge University Press, 1996).

32 북한의 시장화 혹은 반시장화 정책이 초래한 결과에 대한 평가 연구가 드문 가운데, 양문수(2012)는 북한이탈주민을 대상으로 한 면접 조사를 통해 북한의 반시장화 정책이 시장의 독과점화 및 정경유착과 같은 부작용을 발생시켰음을 보여준다.

33 네 가지 지표 중 1인당 전기 소비량은 2011년까지 그리고 1인당 1일 영양 섭취량은 2009년까지 기록되며, 이러한 제약은 이 글에서 이용하는 자료의 한계에 기인한다.

34 한국 통계청, 북한 통계 http://kosis.kr/bukhan/index.jsp(검색일: 2015.4.7).

35 World Bank, World Development Indicators, http://data.worldbank.org(검색일: 2015.4.10).

36 물리적 삶의 질을 분석하는 기존 연구들은 유아사망률을 포함한 이와 같은 지표들이 삶의 질을 측정하는 유용한 자료가 될 수 있음을 보여준다. 예를 들어 Morris D. Morris, *Measuring the Condition of the World's Poor: Physical Quality of Life Index*(New York: Pergamon, 1979); Kisangani N. F. Emizet, "The Relationship between the Liberal Ethos and Quality of Life: A Comparative Analysis of Pooled Time-Series Data from 1970 to 1994," *Comparative Political Studies*, 33(8), 2000, pp.1049~1078. 또한

〈그림 2-1〉 북한의 경제성장률(1990~2013)

자료: 통계청 자료에 근거함.

〈그림 2-1〉은 1990년부터 2013년까지 여섯 단계로 시기를 나누어 북한의 경제성장률을 보여준다. 북한의 경제는 탈냉전 초기부터 고난의 행군시기까지 마이너스 성장을 기록했지만, 고난의 행군 시기가 끝나는 1998년부터 회복기에 접어든다. 그리고 1998년 이후의 시장화 법제 개혁 그리고 이어지는 2002년 7·1 경제관리개선조치 및 2003년 종합시장의 도입 이후 시기까지 북한 경제는 상대적으로 높은 성장률을 보여준

북한 주민의 삶의 질을 연구하는 김수암 외의 연구도 의식주·교육·건강 수준에 초점을 맞추는데, 여기에서 사용하는 자료들은 특히 의식주와 건강(혹은 보건) 수준과 관련한 유용한 측정자로 기능할 수 있다. 김수암 외, 『북한주민의 삶의 질: 실태와 인식』.

〈그림 2-2〉 북한의 1인당 전기 소비량(1990~2011)

자료: 세계은행 자료에 근거함.

다. 이와 같은 경제성장은 단순히 고난의 행군 시기 마이너스 성장에 대한 반대급부로 보기는 어려울 것 같다. 2007년부터 시작되는 시장화 후퇴기의 성장률 하락 그리고 2010년 이후 시장화 부활기의 성장률 증가를 함께 고려한다면, 북한 정부 차원의 시장화 개혁이 북한 경제의 성장에 대체로 긍정적인 영향을 미쳤다고 해석하는 것이 더욱 타당한 설명일 것이다.

〈그림 2-2〉는 북한의 1인당 전기 소비량의 변화 추이를 제시한다. 경제성장률의 변화 추이와 유사하게 1인당 전기 소비량도 고난의 행군이 끝나고 시장화 준비기가 시작되는 1999년부터 증가 추세로 돌아선다.

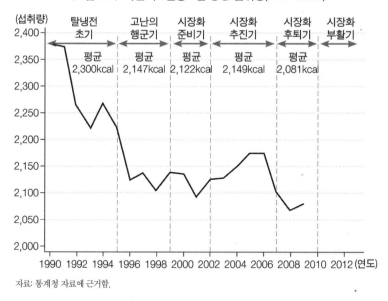

〈그림 2-3〉 북한의 1인당 1일 영양 섭취량(1990~2009)

자료: 통계청 자료에 근거함.

시장화 준비기에 연평균 716kwh에 지나지 않았던 1인당 전기 소비량은 2002년부터 시작되는 시장화 추진기에는 평균 770kwh로 증가하게 된다. 그러나 2007년부터의 시장화 후퇴기를 맞아 1인당 전기 소비량은 다시 평균 762kwh로 소폭 감소했다. 1999년부터 2006년에 이르는 시장화 준비 및 추진기에 증가 추세에 있던 1인당 전기 소비량이 북한 정부의 반시장화 정책이 시작되는 2007년부터 다시 감소 추세로 바뀐 것이다. 이러한 결과는 북한의 시장화 개혁이 북한 주민들의 1인당 전기 소비량을 증가시킴에 의해 물리적 삶의 질 개선에 긍정적 영향을 미쳤음을 보여준다.

〈그림 2-3〉은 북한의 1인당 1일 영양 섭취량을 보여준다. 냉전의 종식 이후 1990년대 중반을 넘어 고난의 행군이 끝나는 시기까지 북한 주민들의 영양 섭취량은 등락이 있음에도 불구하고 지속적인 감소 추세를 나타낸다. 그러나 2002년 시장화 추진기에 1인당 영양 섭취량은 뚜렷한 증가 추세로 돌아섰으며, 반시장화 정책이 추진되는 2007년부터는 다시 감소하게 된다. 시장화 추진기 1인당 1일 영양 섭취량이 평균적으로 2149kcal였던 반면, 시장화 후퇴기에는 2081kcal로 감소했다. 두 시기 사이에 분명한 차이가 있음을 알 수 있다. 이러한 결과는 북한의 시장화 개혁이 북한 주민들의 영양 섭취를 개선하게 만드는 경향이 있다는 것을 경험적으로 보여준다.

〈그림 2-4〉는 북한의 유아사망률 변화를 제시한다. 앞에서 검토한 다른 지표들이 탈냉전 초기와 고난의 행군 시기 북한 주민들의 삶의 질의 악화 추세를 제시한 바와 마찬가지로, 유아사망률 역시 냉전 종식 이후 지속적으로 증가하며 고난의 행군 시기에 가장 높은 수치를 기록한다. 1997년경부터 유아사망률은 감소 추세로 변하게 되고, 그 추세는 대체로 시장화 추진기까지 이어진다. 그러나 2006년경부터 시장화 후퇴기까지 유아사망률은 특별한 변화를 보이지 않았으며, 반시장화 정책 철폐가 공표된 2010년부터 다시 소폭 감소하게 된다. 즉, 시장화 부활기에 유아의 사망빈도가 감소 추세로 돌아섰다. 이와 같이 북한의 시장화 개혁 및 반시장화 정책은 유아사망률과 상관관계를 가지며, 시장화를 촉진하는 법제 개혁이 유아사망률의 감소에 긍정적으로 기여한 것으로 보인다.

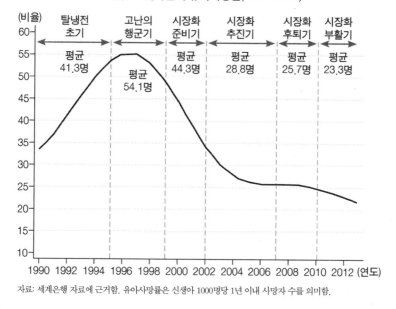

〈그림 2-4〉 북한의 유아사망률(1990~2013)

자료: 세계은행 자료에 근거함. 유아사망률은 신생아 1000명당 1년 이내 사망자 수를 의미함.

　　이상과 같이 네 가지 지표, 즉 북한의 경제성장률, 1인당 전기 소비량, 1인당 1일 영양 섭취량, 그리고 유아사망률의 변화를 관찰함을 통해 우리는 한 가지 중요한 경험적 발견을 할 수 있다. 그 발견은 북한의 시장화 개혁이 북한 주민들의 물리적 삶의 질 개선에 긍정적인 영향을 미쳤다는 것이다. 반시장화 정책이 추진되던 시기에 비해서 시장화를 위한 법제가 도입되고 관련한 조치들이 취해지는 시기에 대체로 경제성장률이 더 높았으며, 북한 주민들의 전기 소비량과 영양 섭취량은 증가하고, 유아사망률은 감소하는 추세를 보였다.

4. 북한 주민들의 삶의 질 개선을 위한 글로벌 거버넌스의 역할

3절에서의 경험적 분석은 북한에서 시장화 법제 개혁이 주민들의 물질적 삶의 질 개선을 촉진한다는 것을 보여준다. 이러한 결과는 글로벌 거버넌스의 행위자들이 북한 정부를 설득하고 시장화 법제 개혁을 지원하며 촉진할 수 있는 중요한 명분을 제공한다. 북한은 전통적으로 외세의 간섭 혹은 개입을 북한 자신의 이득에 해로운 것으로 간주하는 경향이 있으며 이러한 경향은 자주권 존중 원칙의 강조에서 잘 드러난다.[37] 따라서 시장화 개혁이 북한 주민들의 삶의 질을 개선한다는 경험적 근거에 기초해서 그러한 개혁을 글로벌 거버넌스가 지원할 때, 우리는 북한이 외부 개입자에 대한 경계를 줄이고 좀 더 개방적이며 협력적인 태도를 취할 수 있다는 기대를 가질 수 있다. 북한 정부가 주민들의 삶의 질 개선을 표방할 때, 그 목표는 글로벌 거버넌스가 지원하는 북한 시장화 개혁의 목표와 조화될 수 있으며, 그러한 조화는 글로벌 거버넌스의 북한 시장화를 위한 역할을 더욱 용이하게 할 수 있다.

2014년까지 북한 경제의 시장화를 위한 글로벌 거버넌스의 지원은 매우 제한적이었으며, 주로 자본주의 경제 교육에 집중되었다. 예를 들어 1998년 유엔개발계획(UNDP: United Nations Development Programme)

---

[37] 리수영, 「국가자주권존중의 원칙에 관한 독창적인 사상」, ≪김일성종합대학학보: 력사 법학≫, 제44권 3호(1998), 61~66쪽. 자주권 존중과 내정불간섭의 원칙은 북한 사회주의 헌법에서도 강조된다. 장명봉 엮음, 『최신 북한법령집: 북한법연구회 창립 20주년 기념 자료집』(북한법연구회, 2013), 50쪽.

은 기업경영을 비롯한 자본주의 경제학을 교육하는 나진기업학교의 설립을 지원했고, 2004년 스위스 개별협력기구(SDC)는 MBA 과정을 포함하는 평양비즈니스스쿨(PBS)의 설립을 지원했다.[38] 한국에서는 한국개발연구원(KDI)이 북한 관료들에 대한 시장경제 교육을 진행한 바 있다.[39]

　시장경제에 관한 교육이 북한의 시장화 개혁에서 중요한 기여를 할 수 있다는 것은 분명하다. 따라서 글로벌 거버넌스는 북한의 관료들에 대한 직접 교육 방식 또는 교육기관을 통한 시장경제 교육을 중요한 과제로 삼아야 할 것이다. 그러나 교육지원 활동만으로는 부족하다. 북한 경제의 시장화는 공식적 제도화를 통했을 때 북한 주민들의 삶의 질을 지속적으로 개선시키는 효과를 거둘 가능성이 높아진다. 따라서 공식적 제도화 측면에서 북한의 법·제도 개혁은 중요하다. 이는 2002년 7·1 경제관리개선조치를 전후로 정비되고 새롭게 제정된 법제가 그 후 전기 소비량, 영양 섭취량, 유아사망률 등 다양한 측면에서 북한 주민들의 삶의 질을 개선시키는 데 중요한 역할을 했다는 점에서 확인된다. 따라서 글로벌 거버넌스의 주체들은 기존에 수행해왔던 교육지원 역할을 넘어서 법제 개혁 지원에 더욱 더 적극적으로 나서야 할 것이다. 북한에 시장경제 법제를 기획할 전문적 인적 자원이 부족하다는 점을 고려할 때 글로벌 거버넌스의 지원은 더욱 필수적이라 할 수 있다.

---

38 허준영, 「새로운 대북지원 방향 모색을 위한 탐색적 연구: 북한 고급인력에 대한 시장경제 교육을 중심으로」; 문경연, 「북한 개발협력: 북한 국제경제 KSP와 삼각협력」, 2014년 한국국제정치학회 하계학술회의 발표 원고(2014).

39 같은 글.

글로벌 거버넌스가 북한의 시장화 법제 개혁을 지원하는 데에서 유의해야 할 한 가지는 외부 개입자의 노력 외에도 북한 정부의 시장화를 위한 의지가 중요하며, 상호 간에 목표가 공유되어야 한다는 것이다.[40] 따라서 글로벌 거버넌스는 자본주의 경제체제를 북한에 이식하는 데 중점을 두기보다는 북한 주민들의 삶의 질 개선에 우선적 목표를 두어야 할 것이다. 북한 주민들의 삶에 초점을 맞춘, 즉 아래로부터의 요구에 주목하는 목표의 설정과 공유를 통해[41] 북한 정부의 시장화 개혁에 대한 의지를 끌어올릴 수 있으며, 북한 정부가 인식하는 체제 불안정에 관한 우려를 줄일 수 있을 것이다. 북한 정부와 글로벌 거버넌스 상호 간에 목표가 공유되지 않을 시 북한 정부는 오히려 국제기구와 같은 외부 개입자를 체제에 대한 위협으로 간주할 수 있으며, 반시장화 정책이 전개될 가능성도 있다.

시장화 개혁 추진을 위한 방법도 문제가 될 수 있다. 중국과 베트남의 사례에 관한 기존 연구들은 시장화 법제개혁이 점진적이며 단계적이어야 한다는 점을 지적한다.[42] 급속한 경제적 자유화는 오히려 사회 내부에 경쟁을 가중시키고, 혼란을 부추길 수 있다.[43] 특히 북한과 같이 외부

---

40 임을출, 「국제기구의 중국·베트남 시장경제법제개혁 지원사례: 북한 적용과 시사점」.

41 Michael Pugh, "Peacekeeping and Critical Theory," *International Peacekeeping*, 11(1), 2004, pp.39~58; Beatrice Pouligny, *Peace Operations Seen from Below: UN Missions and Local People*(Bloomfield, CT: Kumarian Press, 2006).

42 예를 들어 임을출, 「국제기구의 중국·베트남 시장경제법제개혁 지원사례: 북한 적용과 시사점」.

43 Roland Paris, *At War's End: Building Peace After Civil Conflict*(Cambridge: Cambridge University Press, 2004).

세계와의 단절이 극심한 경우 급속한 시장화는 정부의 공공재 기능의 약화를 초래하여 북한 주민의 삶의 질을 오히려 악화시킬 가능성을 가진다. 점진적이며 단계적인 시장화 개혁의 한 가지 방법은 북한 정부가 추진 중인 경제특구를 효과적으로 활용하는 것이다. 즉, 우선적으로 개성공단이나 황금평·위화도, 나선경제무역지대에 포괄적인 시장화 법제가 적용되는 것을 글로벌 거버넌스가 적극적으로 지원하고, 모범 사례를 만드는 것이다.[44] 모범 사례의 전파를 통한 방법은 북한 정부의 우려를 불식시키면서도 단계적으로 북한의 시장화를 확대시켜나갈 수 있는 방법이 될 수 있다. 또한 더불어서 시장화가 초래할 수 있는 공공재 제공 부족 문제를 보완하기 위해서 글로벌 거버넌스 차원의 인도주의적 지원도 확대되어야 할 것이다.

5. 결론

이 글은 북한의 시장화 법제 개혁이 북한 주민들의 물리적 삶의 질에 미치는 영향을 분석하고, 그 분석에 근거하여 글로벌 거버넌스가 북한의 시장화 개혁을 위해 추진해야 할 역할에 대해 논의했다. 1990년부터

---

[44] 임을출, 「국제기구의 중국·베트남 시장경제법제개혁 지원사례: 북한 적용과 시사점」. 2016년 1월 북한의 4차 핵실험 이후 개성공단이 폐쇄되고 국제사회와 북한과의 경제협력이 매우 어려워졌지만, 미래의 대북정책 및 북한의 시장화 개혁 지원에서 경제특구를 통한 협력은 여전히 중요한 과제가 될 수 있다.

2013년까지 북한의 시장화 과정을 6단계의 시기로 나누어 경험적으로 분석한 결과는 시장화 법제 개혁이 북한의 경제성장뿐만 아니라 전기 소비량, 영양 섭취량, 유아사망률 등의 측면에서 실질적으로 북한 주민들의 삶의 질을 개선시키는 효과를 가졌음을 보여준다.

이러한 결과는 글로벌 거버넌스가 북한의 시장화를 좀 더 적극적으로 추진해야 할 명분과 더불어 북한 정부와 공유할 수 있는 목표를 제공한다. 글로벌 거버넌스는 북한의 자본주의화라는 다분히 이념적이며 하방식(top-down) 목표보다는 북한 주민들의 삶의 질 개선이라는 시장화의 목표를 북한 정부와 공유하는 것을 추구할 필요가 있다. 이러한 목표의 공유를 통해 글로벌 거버넌스는 북한의 체제위협 인식을 완화하고 시장화 법제 개혁을 지원하면서 북한에서 시장경제가 더욱 공식적으로 제도화되어 정착되도록 유도해야 할 것이다. 또한 글로벌 거버넌스는 급속한 시장화가 초래할 수 있는 부작용에도 유의할 필요가 있으며, 시장화 개혁이 점진적, 단계적으로 추진되도록 지원하고, 북한 정부가 반시장화 정책으로 회귀하지 않도록 할 필요가 있다.

참고문헌

1. 국내 문헌

1) 단행본

김수암 외. 2011.『북한주민의 삶의 질: 실태와 인식』. 통일연구원.

임강택 외. 2012.『북한 경제발전을 위한 국제협력 프로그램 실행방안』. 통일연구원.

장명봉 엮음. 2013.『최신 북한법령집: 북한법연구회 창립 20주년 기념 자료집』. 북한법연구회.

정영화·김계환. 2007.『북한의 시장경제이행』. 집문당.

2) 논문

권영경. 2013.「북한시장의 구조화 과정과 김정은 정권의 경제개혁 가능성 분석」. ≪동북아경제연구≫, 제25권 4호.

김동한. 2007.「중국 경제관련법 변화과정과 북한 경제관련법에 주는 시사점」. ≪북한학연구≫, 제3권 2호.

문경연. 2014.「북한 개발협력: 북한 국제경제 KSP와 삼각협력」. 2014년 한국국제정치학회 하계학술회의 발표 논문.

민경배. 2006.「체제전환국 법제의 특징과 구조」. ≪통일문제연구≫, 제46호.

_____. 2008.「북한의 시장경제제도로의 이행에 따른 비경제분야의 법제변화」. ≪공법학연구≫, 제9권 2호.

스미스, 헤이즐(Hazel Smith) 외. 2009.「북한의 시장화, 불균등, 지역」. ≪KDI 북한경제리뷰≫, 제11권 9호.

양문수. 2010.「북한정부는 시장화를 관리할 수 있는가: 시장화 촉진기와 억제기의 비교분석 결과 및 시사점」. ≪통일정책연구≫, 제19권 1호.

_____. 2012.「2000년대 북한의 반(反)시장화 정책: 실태와 평가」. ≪현대북한연구≫, 제15권 1호.

_____. 2013.「북한의 시장화: 추세와 구조 변화」. ≪KDI 북한경제리뷰≫, 제15권 6호.

윤대규·김근식. 2007. 「체제전환 국가의 기본법 원칙의 구현 및 집행에 관한 연구」. ≪통일문제연구≫, 제19권 1호.

_____. 2008. 「북한의 시장경제제도로의 이행에 따른 경제관련 법제의 변화」. ≪공법연구≫, 제36집 3호.

이영훈. 2015. 「김정은 시대의 경제: 핵무력 병진노선의 특징과 지속 가능성」. ≪북한연구학회보≫, 제19권 1호.

임을출. 2012. 「국제기구의 중국·베트남 시장경제법제개혁 지원 사례: 북한 적용과 시사점」. ≪통일정책연구≫, 제21권 2호.

정영철. 2004. 「북한의 시장화 개혁: 시장 사회주의의 북한식 실험」. ≪북한연구학회보≫, 제8권 1호.

허준영. 2012. 「새로운 대북지원 방향 모색을 위한 탐색적 연구: 북한 고급인력에 대한 시장경제 교육을 중심으로」. ≪행정논총≫, 제50권 4호.

3) 기타
한국 통계청 북한통계. http://kosis.kr/bukhan/index.jsp(검색일: 2015.4.7).

2. 북한 문헌

1) 논문
리수영. 1998. 「국가자주권존중의 원칙에 관한 독창적인 사상」. ≪김일성종합대학학보: 력사·법학≫, 제44권 3호.

3. 외국 문헌

1) 단행본
Bates, Robert H. 2001. *Prosperity and Violence: The Political Economy of Development.* W. W. Norton & Company.

Morris, Morris D. 1979. *Measuring the Condition of the World's Poor: Physical Quality of Life Index.* New York: Pergamon.

Paris, Roland. 2004. *At War's End: Building Peace After Civil Conflict.*
    Cambridge: Cambridge University Press.

Pouligny, Beatrice. 2006. *Peace Operations Seen from Below: UN Missions
    and Local People.* Bloomfield, CT: Kumarian Press.

Robinson, William I. 1996. *Promoting Polyarchy: Globalization, US Intervention,
    and Hegemony.* Cambridge: Cambridge University Press.

2) 논문

Emizet, Kisangani N. F. 2000. "The Relationship between the Liberal Ethos
    and Quality of Life: A Comparative Analysis of Pooled Time-Series
    Data from 1970 to 1994." *Comparative Political Studies*, 33(8).

Pugh, Michael. 2004. "Peacekeeping and Critical Theory." *International
    Peacekeeping*, 11(1).

3) 기타

World Bank. World Development Indicators. http://data.worldbank.org(검
    색일: 2015.4.10).

제3장

북한의 체제전환과 다자·양자 간 경제 제재 레짐

전망과 과제

양문수

1. 서론

특정 국가에 대한 경제 제재는 경제적 수단을 통해 정치·외교적 목적을 달성하기 위한 의도적인 행위이다. 특히 국제사회 차원에서 이루어지는 경제 제재 레짐은 현존하는 국제사회의 질서를 위협하는 국가에 대해 행동의 변화를 촉구하는 정치·외교적 압박이라는 측면도 강하다. 따라서 경제 제재의 성공 여부에 대한 판단은 경제 제재를 통해 애초의 목적, 즉 정치·외교적 목적을 얼마나 달성했는가 하는 것이 핵심 요소이다.

하지만 정치·외교적 목적의 달성을 평가하는 객관적인 기준, 그리고 척도의 설정은 쉽지 않은 문제이다. 또한 제재국이 제재대상국에 공식적으로 요구하는 대외정책의 변화와, 제재국이 실제로 바라는 목적이

상이할 수도 있다. 어떤 경우에는 제재의 목적이 명확하지 않을 수도 있다. 아울러 해당국에 경제적인 타격을 주었다고 해도 해당국의 정치·외교적 행동이 변화하지 않는다면 성공적 제재라고 평가할 수 있을지 의문이 제기될 수 있다. 더욱이 국제사회 차원에서 이루어지는 경제 제재 레짐의 경우, 국제협력이 충분하지 않으면 효과에 한계가 있을 수 있다.

그래서 제재 효과는 언제나 논란의 대상이다. 예컨대 북한과 같은 사회주의국가에 대한 경제 제재는 체제전환에 대해 긍정적으로 작용하는가, 아니면 부정적으로 작용하는가. 한쪽에서는 북한에 대한 제재가 북한의 체제유지능력을 약화시키고 궁극적으로는 북한체제를 붕괴시켜 결국 타의에 의해 북한의 급진적 체제전환을 가져올 것이라고 보고 있다. 반면 또 다른 쪽에서는 북한에 대한 제재가 북한의 대외경제활동을 매우 제약하고 따라서 이는 북한의 자발적 체제전환에 대한 큰 걸림돌로 작용한다고 보고 있다.

이 글은 후자의 입장에 서 있다. 나중에 조금 더 자세히 살펴보겠지만 미국이 주도하는 국제사회의 대북 경제 제재 레짐은, '한반도에서의 안정과 평화'를 내세우며 한반도에서의 영향력 유지 및 자국의 이익 극대화를 추구하는 중국이라는 존재로 인해 다소 불안정하고 불완전하며, 이는 제재 효과를 크게 제약하는 요인으로 작용하고 있다. 또한 지금까지의 북한에 대한 제재가 경제적 목적은 부분적으로 달성했을지는 모르지만 정치·외교적 목적은 달성했다고 보기 어렵다. 따라서 북한에 대한 제재가 북한의 체제전환에 긍정적으로 작용할 것이라는 전자의 견해는 현실성이 크지 않다.

이 글에서는 북한에 대한 경제 제재 레짐의 개입이 해당국의 대외경제활동, 즉 무역, 투자, 원조, 금융거래 등에 대한 커다란 제약요인으로 작용하고, 이는 북한의 대외개방의 확대, 나아가 체제전환의 실시에 대한 큰 걸림돌로 작용한다고 보고 있다. 그리고 북한에 대한 경제 제재 레짐의 완화·해제는 이러한 걸림돌의 제거를 의미한다는 것이 이 글의 입장이다. 경제 제재의 완화와 해제는 대개 정치외교적 관계 정상화, 대외경제적 관계 정상화의 과정과 동시병행적으로 추진되는 것이 일반적이다. 따라서 경제 제재의 완화·해제는 본격적인 개혁개방의 여건을 개선시켜 북한의 체제전환을 유도·촉진하는 효과가 있다고 본다.

이 글은 북한의 체제전환에 대해, 북한에 대한 다자·양자 간 경제 제재 레짐과의 연관성하에 전망한 다음, 북한의 체제전환을 유도·촉진하기 위한 다자·양자 간 경제 제재 레짐의 역할, 그리고 이를 위한 국제사회 및 한국의 정책적 과제를 도출하는 것을 목적으로 한다.

2. 북한 체제전환의 주요 변수와 전망

1) 체제전환의 두 가지 모델

체제전환, 체제이행에는 두 가지 접근방식(approach)이 있는데 하나는 급진주의·빅뱅 내지는 쇼크요법이라고 이야기되는 것이며 또 하나는 점진주의·진화적 방식이다. 양자의 차이는 언뜻 보기에는 개혁과 이

<표 3-1> 체제전환의 두 가지 방식 비교

	점진주의 방식	급진적 방식
비전	현재의 필요에 대한 실용주의적 평가	궁극적 상태의 실현
구시스템	점차적 대체	파괴
정책	후퇴 가능한 정책	최종상태에의 관여
속도	천천히	빨리
실험	소규모	대규모
신뢰하는 것	경험	설계
초점	시장프로세스	시장산품
체제	이중경제	단일시장구조

자료: 나카가네 카츠지(中兼和津次), 『중국경제발전론』, 이일영·양문수 옮김(나남출판, 2001), 261쪽.

행의 속도의 차이처럼 보이나 결코 그렇지만은 않다. 이른바 역사관과 철학의 차이이기도 하다(〈표 3-1〉 참조).

중국의 경험을 바탕으로 체제이행에서 점진주의의 보편성이 주장되기도 하지만 반드시 그런 것만은 아니다. 체제전환이라는 복잡한 시스템 전환에 보편적으로 타당하며 유일한 모델이 있다고 보기는 어렵다. 각국이 처해 있는 제반 조건에 대한 고려가 무엇보다도 중요하다.

2) 북한 경제와 개혁, 체제전환

오늘날의 북한 경제는 개혁이라는 관점에서 어떻게 평가할 것인가? 개혁이라고 평가할 것인가, 아니면 개혁이 아니라고 평가할 것인가? 예컨대 중국, 베트남 등 사회주의 국가들이 경험했던 경제개혁이라는 기준에서 본다면 개혁이 아니라고 평가할 수도 있고, 실제로 이러한 평가가 주를 이루고 있다. 오늘날 북한의 '경제개혁'이 그 수준에서 중국, 베트남의 경험에 크게 미치지 못하는 것은 부인할 수 없는 사실이다. 하지만 수십 년 전, 예컨대 경제위기 이전, 이른바 고전적 사회주의 경제 시기와 비교하면 어떻게 될 것인가? 오늘날 북한 경제의 성격을 전통적인 계획경제라고 규정하는 사람은 거의 없다.

따라서 경제개혁을 어떻게 정의할 것인가 하는 문제부터 출발해야 한다. 물론 경제개혁에 대해서는 매우 다양한 정의, 정식화가 가능하다. 사회주의 경제 이론의 대가인 야노시 코르나이(János Kornai)의 정의에 따르면[1] 개혁은 첫째, ① 공식적 지배 이데올로기 또는 공산당 지배에 의한 권력구조, ② 국가소유권, ③ (관료적) 조정 메커니즘 등 세 가지 요소 가운데 하나 이상에 변화가 발생해야 하고, 둘째, 그 변화는 적어도 '적당히 급진적(moderately radical)'이어야 한다. 좀 더 단순화시키면, 경제개혁은 사회주의 경제제도의 대폭적인 변경으로서 시장 메커니즘의 이용, 혹은 시장경제적 요소의 대폭적인 도입이 그 변경의 핵심 요소이다. 따라서 경제개혁은 방향(시장지향성)과 수준(범위와 정도), 차원(공식제도)이 동시에 중요하게 된다.

무엇보다 '시장'이라는 요소가 핵심적이다. 물론 여기에서의 시장은 '장소(place)'로서의 시장이 아니라 시스템으로서의 시장을 말한다. 그리고 오늘날의 북한에서 시장이란 어떤 존재인지 생각해볼 필요가 있

---

1   J. Kornai, *The Socialist System: The Political Economy of Communism*(Princeton: Princeton University Press, 1992), p.388.

다. 이제 북한에서 시장은 25년의 역사를 보유하게 되었다. 경제위기도 장기화되고 있지만 시장화 역시 '장기화'되고 있다. 시장은 이제 북한 경제 내에 깊숙이 편입되었으며, 시장 없는 북한 경제는 상상조차 할 수 없게 되었다.

이러한 보편성에도 불구하고, 북한의 경험이 중국, 베트남 등 다른 사회주의 국가와 구별되는 특징이 존재한다. 그리고 이러한 특징은 오늘날의 북한 경제를 두고 '개혁'으로 규정할 수 있느냐 없느냐 하는 논쟁을 불러일으키는 요인이기도 하다. 따라서 잠정적으로 '북한식 경제개혁'이라고 명명하기로 한다.

그렇다면 오늘날의 북한 경제는 체제전환의 길에 들어섰는가. 이 또한 체제전환을 어떻게 정의하는가에 달려 있을 수도 있지만 통상 '개혁'이 더욱 진전되어 종래의 사회주의의 틀을 넘어설 정도로 경제제도가 대폭적으로 변경되면 이를 '체제전환'으로 파악한다는 점을 고려하면 현재의 북한 경제는 체제전환의 단계에 와 있다고 보기 어렵다. 실제로 오늘날의 북한 경제를 두고 '체제전환'으로 규정하는 사람은 없다고 해도 과언이 아니다. 다만 장기적인 관점에서 보면 체제전환의 맹아가 보인다고 평가할 수 없는 것은 아니다. 이는 다름 아닌 앞서 보았던 '시장화'의 존재 때문에 그러하다. 더욱이 후술하겠지만 김정은 정권은 '우리식 경제관리방법'과 같은 경제개혁적 조치의 확대에 상당한 의지를 보이고 있다는 점도 고려되어야 한다.

3) 북한 점진적 체제전환의 주요 변수[2]

이때까지 북한이 점진적 체제전환[3]을 본격적으로 추진하지 않았던, 아니 못했던 이유는 크게 보아 다음 세 가지로 정리할 수 있다. 이러한 원인들은 북한 점진적 체제전환의 제약요인이기도 하다.

첫째, 국내 정치적 요인이다. 무엇보다도 점진적 체제전환이 몰고 올 체제불안의 위험성을 꼽을 수 있다. 그리고 이는 북한이 체제전환에 착수하지 못했던 가장 큰 원인이다.

큰 틀에서 보면 권력의 3대 세습은 체제전환과 같이, 정권 및 국가의 운명을 좌우할 수도 있는 중대한 정책의 변화를 제약하는 최대 요인이다. 특히 김정은은 자신의 권위의 원천이 세습에 있기 때문에 아버지, 할아버지의 정책적 노선을 근본적으로 부정하기 어렵다.

실제로 사회주의국가의 경험이 보여주는 것은 점진적 체제전환의 문제는 경제적 문제 이상으로 정치적 문제이다. 북한지도부는, 경제개혁의 실시가 정치개혁의 실시로 파급·연동되지 않을 수 없는 것, 이러한 개혁은 일단 시작된 이상, 지도부의 예상을 넘어서 가속화될지도 모른다는 것을 누구보다도 잘 알고 있다. 또한 자신들의 체제 불안 요인이 증대된다는 우려와 함께 남한에 흡수통일당할 가능성이 커진다는 우려도 존재한다.

---

2 이 글은 북한의 급진적 체제전환에 대해서는 다루지 않는다.
3 이 글에서의 점진적 체제전환은 흔히들 이야기하는 본격적인 개혁·개방과 크게 다르지 않다.

달리 보면 점진적 체제전환은 시장주의적 요소, 혹은 자본주의적 사상의 북한 내 유입을 초래하게 마련이다. 그리고 이러한 다원적 요소의 유입은 최고지도자를 정점으로 한 북한의 일원적 시스템과 충돌할 가능성이 크고 이는 북한의 현재의 정치권력구조, 나아가 체제에까지 심각한 영향을 미칠 수 있다.

또한 통상적으로 점진적 체제전환은 기득권층의 기득권에 대한 위협요인으로 작용한다. 경제질서의 재편은 자원배분 구조의 재편을 수반하기 마련이고 이 경우 이득을 보는 계층도 존재하지만 손해를 보는 계층도 존재할 수 있다. 특히 현재의 자원배분 구조하에서 이득을 보고 있는 계층 가운데 향후 예상되는 체제전환으로 손실을 볼 가능성이 큰 세력은 체제전환에 강력히 저항하고 반발할 가능성이 높다.

이 밖에 점진적 체제전환 추진을 위한, 지배 엘리트와 이데올로기상의 변화의 어려움 등이 체제전환을 제약하는 국내 정치적 요인으로 지적될 수 있다. 체제전환을 추진하기 위해서는 실용주의적이고 전문적인 지식을 갖춘 테크노크라트층이 출현해서 변화를 주도해야 한다. 그러기 위해서는 사상·군사 엘리트가 주도권을 장악하고 있는 현재의 권력구조에 변화가 발생해야 하는데 이것은 쉬운 일이 아니다. 또한 체제전환을 추진하기 위해서는 체제전환을 정당화하는 이데올로기적인 뒷받침이 중요하다. 그러기 위해서는 북한의 현 체제의 사상적 근간을 이루고 있는 주체사상에 어떤 형태로든 손을 대지 않을 수 없는데 이 또한 쉬운 일이 아니다.

이때까지 북한이 점진적 체제전환을 본격적으로 추진하지 못했던 두

번째 원인은 대외적인 정치·경제적 요인이다. 특히 대외관계의 미개선은 대외개방에 대한 커다란 제약 요인으로 작용하고 있다.

현재는 냉전체제가 해체되고 사회주의권이 붕괴하면서 국제사회에서 북한의 보호막은 사라졌고, 북한은 사실상 고립무원의 상태에서 체제의 존속마저 위협받고 있다. 이 속에서 북한은 경제·핵무력 병진 노선 등을 통해 공공연하게 핵보유를 천명하고 있다. 미국뿐 아니라 일본, 나아가 한국까지 북한에 대해 강력한 경제 제재 조치를 취하고 있다. 국제사회의 양자·다자 경제 제재를 받고 있는 상황에서 대외개방을 통해 외자를 유치하려고 노력한들 뚜렷한 성과를 거두기도 어렵다.

설령 북한이 문호를 개방한다고 해도 외국자본들이 선뜻 들어오기 힘들었고 경제적으로 실리가 보장되는 것도 아니었다. 북한이 갈구하는 국제금융기구로부터의 자금 지원도 실현 불가능하다. 또한 대부분의 선진 자본주의 국가들과 국교가 수립되어 있지 않으니 북한에서 만든 물건들을 이들 나라에 수출하려 해도 관세상의 불리함 때문에 수출의 길은 사실상 막혀 있다.

이때까지 북한이 점진적 체제전환을 추진하지 못했던 세 번째 원인은 국내 경제적 요인이다. 북한의 심각한 경제난으로 인해 생산의 기본적인 여건이 제대로 갖추어져 있지 않는데 이는 북한이 개방을 한다 해도 외국자본이 선뜻 들어오기 어려운 또 하나의 원인으로 작용했다. 전기가 턱없이 모자라고 철도, 도로, 항만 등 SOC도 열악한 상태이고 자재난으로 인해 북한 내에서 조달할 수 있는 물자가 거의 없으며 기계설비는 낡은 것이 대부분이다. 더욱이 당분간은 북한의 내수 시장도 기대

〈표 3-2〉 북한 점진적 체제전환의 주요 변수

구분	내용	성격
국내 정치적 요인	- 점진적 체제전환이 몰고 올 체제위협요인의 통제가능 여부 - 최고지도부의 교체 여부 - 개혁을 주도할 수 있는 전문관료층의 형성 여부 - 개혁을 정당화할 수 있는 이데올로기상의 변화 여부 - 개혁에 대한 국내의 압력 수준	점진적 체제전환에 대한 직접적 변수
대외 정치·경제적 요인	- 미국과의 관계 개선 여부 → 북한의 체제안전 보장 여부, 경제 제재 해제 여부, 국제 금융기구 자금지원 여부 - 일본과의 관계 개선 여부 → 경제 제재 해제 여부, 북일수교 배상금 유입 여부 - 남북관계 개선 여부 → 경제 제재 해제 여부, 남북경협 활성화 여부	점진적 체제전환에 대한 직접적 및 간접적 변수
국내 경제적 요인	- 심각한 경제난, 열악한 SOC의 해소 여부	점진적 체제전환에 대한 간접적 변수

하기 어려운 형편이다. 중국이 1978년 개혁·개방을 단행할 당시 경제가 어려웠다고 하나 지금의 북한처럼 경제의 재생산이 불가능할 정도의 경제난은 아니었다는 점이 지적될 필요가 있다.

이렇게 보면 국내 정치적 요인은 점진적 체제전환의 실시 그 자체를 직접적으로 제약하는 요인이고 국내 경제적 요인은 점진적 체제전환의 성과를 제약함으로써 개혁·개방을 간접적으로 제약하는 요인이며 대외적인 정치·경제적 요인은 이들 두 가지 측면을 함께 가지고 있다고 할 수 있다.

이러한 점진적 체제전환의 저해요인들로부터 북한 점진적 체제전환의 주요 변수들을 도출할 수 있다(〈표 3-2〉 참조).

4) 북한 점진적 체제전환의 전망

이러한 점진적 체제전환의 변수들에 대한 관찰은 북한의 점진적 체제전환을 전망하는 데 유용하다. 즉, 북한의 점진적 체제전환을 전망하기 위해서는 이러한 점진적 체제전환의 변수들이 어떻게 달라질 것인지를 우선적으로 살펴볼 필요가 있다.

우선, 국내 경제적 요인은 중단기적으로 뚜렷한 변화가 생기기 어렵다. 북한당국이 노력한다고 해서 해결될 차원의 것이 아니다.

대외적인 정치·경제적 요인은 북한의 의지와 노력 여하에 따라 부분적으로 완화될 수 있는 성격의 것이나 단기간에 획기적으로 개선되기는 어려울 전망이다. 대외관계 개선의 핵심 고리라 할 수 있는 북미관계가 풀려야 하는데 여기에서는 북한의 핵·미사일 문제가 큰 관건이다. 북한이 김정은 정권 들어 핵무력-경제 병진 노선을 천명하는 등 시간이 갈수록 핵보유 의지는 뚜렷해지는 상황에서 북미관계가 빠른 시일 내 개선될 가능성은 그리 크지 않다.

국내 정치적 요인은 약간의 변화 움직임이 감지되고 있다. 김정은 시대 들어 2012년부터 '우리식 경제관리방법', 2104년부터 '사회주의기업책임관리제'라 하여 제한적이지만 경제개혁적 조치를 4년 넘게 확대 운영하고 있으며 2013년부터는 대담한 경제개발구 구상을 제시, 2013년에 13개, 2014년에 여섯 개, 2105년에 한 개의 경제개발구 등 총 20개를 신규 지정했다. 개혁·개방의 국내적 압력이 높아지고 있음을 감지할 수 있다. 게다가 북한은 관료, 학자 등을 대상으로 시장경제 교육에 적극적으로 나서고 있다. 개혁을 주도할 수 있는 전문 관료층의 형성에 일정 수준의 의지를 보이고 있다고 할 수 있다. 물론 전체적으로 보면 이러한 변화가 전면적으로 이루어지고 있다고 보기는 어렵다.

종합적으로 보면 북한의 점진적 체제전환은 당분간 본격화되기는 어렵다. 다만 매우 제한적인 수준에서 조심스럽게 점진적 체제전환적 조치를 모색하는 것은 당분간 계속될 것으로 보인다.

한편 〈표 3-2〉에서 보았듯이 북한에 대한 다자·양자 간 경제 제재 레짐은 북한의 점진적 체제전환에 대해, 결정적이지는 않더라도, 일정 수준의 영향을 미칠 수 있는 변수로 작용할 전망이다. 다만 북한에 대한 다자·양자 간 경제 제재 레짐의 완화 및 해제는 독립변수로 존재하는 것이 아니라는 점이 지적될 필요가 있다. 북한의 대외정책, 미국을 비롯한 국제사회의 대외정책 및 대북정책, 개별국가의 대북정책 등 보다 핵심적이고 상위범주에 속하는 여러 요인의 영향을 받는다.

3. 북한에 대한 다자·양자 간 경제 제재 레짐의 현황과 전망

1) 북한에 대한 다자·양자 간 경제 제재 레짐의 개입 현황

체제전환 이전 사회주의 국가에 대해 취해진 다자간 경제 제재 레짐으로는 COCOM(Coordinating Committee for Multilateral Export Controls)이 대표적이다. 이는 1949년부터 미국이 주도해온 NATO(북대서양조약

기구) 회원국에 더해 일본을 참여시켜 소련, 중국, 동유럽 등 사회주의 국가에 대해 실시한 경제 제재 조치로서 통상 대공산권 수출통제위원회로 알려져 있다. COCOM은 사회주의권이 붕괴하기 시작한 이후 실효성이 저하되면서 1994년에 막을 내리고 바세나르 협정(WA: Wassenaar Arrangment)으로 대체되었다.

바세나르 협정의 목적은 재래식 무기와 이중용도 물품 및 관련 기술 이전에 대한 투명성과 책임감을 제고하고, 이들 무기와 물자를 과도하게 비축하는 것을 방지함으로써 지역적·세계적 안전과 안정을 도모하는 것이다. 이 밖에 원자력 공급국 그룹(NSG), 호주그룹(AG), 미사일기술통제체제(MTCR) 등이 대표적인 다자간 수출통제 체제로 꼽히고 있다.

북한에 대한 다자간 경제 제재 레짐의 또 다른 사례는 유엔을 통한 제재이다. 북한의 잇따른 미사일 발사 및 핵실험은 유엔을 통한 국제사회의 제재를 낳았다. 유엔은 2000년대 들어 안보리 결의 1540호(2004년), 1695호(2006년), 1718호(2006년), 1874호(2009년), 2087호(2013년 1월), 2094호(2013년 3월), 2270호(2016년 3월)를 잇따라 발표했다. 이 가운데 안보리 결의 1718호, 1874호, 2094호, 2270호는 네 차례에 걸친 북한 핵실험(2006년, 2009년, 2013년, 2016년)에 대한 유엔 차원의 대북 제재로서 국제사회의 다자간 대북 제재 레짐의 근간을 이루고 있다.[4]

북한에 대한 양자 간 경제 제재 레짐의 대표적인 사례는 미국의 대북

---

4 장형수, 「국제사회의 대북제재: 실효성과 한계」, 『북한의 핵실험과 대북 경제제재』, 국방관리대학원 학술세미나 자료집(2016.5.29).

제재이다. 이는 북한에 대한 수출 금지와 거래관계 전면 중지, 수출입 및 금융거래, 투자행위, 원조 등의 금지, 이중 용도로 사용 가능한 제품 및 기술수출에 대한 제약, 국제금융기구들이 미국 출연자금을 대북지원에 사용하는 것에 대한 금지 등 매우 포괄적이고 그 역사도 깊다.

미국은 1950년 한국전쟁 발발 이후 수십 가지의 관련 법과 규정을 동원하여 북한을 압박해왔다. 역사적으로 보면 제재의 발생 및 강화기 → 완화기 → 재강화기의 흐름으로 진행되어왔다.[5] 실제로 대북 경제 제재는 여러 가지 법이 서로 결합되어 있는 상태이기 때문에 일부 법의 해제만으로는 제재를 풀기가 어려운 상황이다(〈표 3-3〉 참조).

한편 일본도 2000년대 들어 북한에 대한 독자적인 제재에 착수했다. 북한에 대한 일본의 경제 제재는 2002년 북일 정상회담에서의 일본인 납치 의혹 제기에 의해 촉발되고 2006년 이후 북한의 미사일 발사 및 핵실험에 의해 강화되었다. 일본의 대북 경제 제재는 인도적 지원에 대한 동결·연기, 대북 송금보고의 의무화, 특정품목의 무역정지, 특정선박의 입항금지 등에서 출발해서 무역의 전면적인 중단, 북한 국적자의 입국금지, 북한 선박의 전면적 입항금지 등으로 확대·강화되었다.

다만 북일 양국은 지난 2014년 5월 말의 이른바 '스톡홀름 합의'를 계기로 관계 개선에 적극 나서고 있으며 일본은 이해 7월 초, 북한에 대한

---

5 또한 미국은 2006년부터 유엔의 대북 제재에 적극 동참하면서 이와는 별도로 여러 차례 행정명령을 통해 추가적인 제재 조치를 취했다. 2008년에는 행정명령 13466호, 2010년에는 13551호, 2015년에는 13687호, 2016년에는 13722호를 발표, 북한에 대해 금융제재를 포함해 포괄적 제재 대상을 지속적으로 확대해왔다.

<표 3-3> 미국의 대북 경제 제재의 원인과 제재 관련 법

제재의 원인	제재 관련 법
미국의 국가안보에 대한 위협	· **적성국교역법**(해외자산통제규정) · **국가비상사태법** · 방위산업법 · 수출관리법(수출관리규정)
국제테러를 지원하는 국가	· **수출관리법**(수출관리규정) · 대외지원법 · 수출입은행법 · 무기수출통제법(국제무기거래규정) · 국제금융기관법 · 대외활동수권법
공산주의 정부 및 맑스-레닌주의 국가	· **수출입은행법** · **대외원조법** · 브레턴우즈협정법
대량살상무기 및 핵무기 확산	· **무기수출통제법**(국제무기거래규정) · **수출관리법** · **원자력 에너지법** · 핵확산금지법 · 북한 위협감소법

주: 1) 고딕체로 표시한 것이 각 범주에서 가장 중요한 법률임.
 2) 이 밖에 북한의 인권문제도 있으며 이와 관련된 제재법으로는 대외원조법, 국제종교자유법, 인신매매피해자보호법 등이 있음.

제재 일부 해제를 공식 발표했다. 즉, ① 북한 국적 보유자의 원칙적인 입국금지 조치 해제, ② 인도적 목적의 북한선박 왕래 허용, ③ 대북 송금 관련 제재 완화 등의 조치를 취했다. 다만 대북수출입 전면금지, 북한 항공기 입국 금지, 만경봉호 입국 금지는 유지했다. 한국도 2010년 천안함 사건 발생 이후 이른바 5·24 조치라 하여 북한에 대한 경제 제재 조치를 단행했다. 이는 일반물자교역 및 위탁가공교역의 금지, 북한에 대한 인도적 지원의 대부분의 금지, 한국인의 북한 방문 금지 등으로 이루어져 있다. 2008년 금강산 관광 중단 조치가 취해진 상황에서 단행된 5·24 조치는 개성공단을 제외한 남북경협의 거의 모든 중단을 의미하는 것이었다.

한국정부는 이어 2016년 1월 북한의 4차 핵실험에 대응하여 같은 해 2월, 개성공단 가동 전면중단조치를 취했다. 이에 따라 1988년부터 막이 오른 남북한 교류·협력은 28년 만에 모두 중단되는 사태가 빚어졌다. 한국정부는 나아가 같은 해 3월에 유엔 안보리 결의안과는 별도의 독자적인 제재로서 북한에 대한 금융제재와 해운제재를 단행했다.

2) 북한에 대한 경제 제재의 효과

앞에서도 서술했듯이 경제 제재의 목적은 제재대상국에 경제적 타격을 가함으로써 제재국이 바라는 정치외교적 목표를 달성하는 것이다. 그런데 지금까지 북한에 대한 다자·양자 간 제재는 북한의 핵프로그램 포기 및 핵무기 폐기 등과 같은 정치외교적 목표를 달성하는 데 성공적이지 못했다는 평가가 압도적이다. 다만 북한에 대해 경제적 타격을 준다는 경제적 목표를 달성했는지 여부는 개별 제재에 따라 다소 상이한 양상을 보이고 있다.

우선 유엔 안보리 결의 형태의 다자적 경제 제재는 국제법적 구속력이 있는 측면과 유엔 회원국으로서의 도덕적 책임에 호소하는 측면이 혼재되어 있다는 점이 제약요인으로 작용한다. 하지만 가장 큰 것은 대북 제재에 대한 중국의 미온적인 태도이다. 이로 인해 북한에 대한 경제적 타격에 한계가 존재한다는 것이 일반적인 평가이다. 다만 한 연구[6]에 따르면 유엔 안보리 결의(2006년의 1718호 및 2009년의 1874호) 이후 북한의 무기 수출이 감소한 것으로 나타나는 등 경제적 측면에서 유엔 제재의 효과가 일부 확인되고 있다.

미국의 대북 경제 제재는 1950년 이후 오랜 역사를 가지고 있고, 시간이 흐름에 따라 여러 제재 조치들이 촘촘하게 얽히게 되면서 제재의 효과를 정확히 평가하기는 어렵지만 북한의 경제적 타격은 적지 않은 것으로 평가되고 있다. 세계 최대 시장인 미국과의 무역 단절과 최혜국 대우 적용 제외 등이 북한의 대외경제 확대에 제약요인으로 작용한 것은 부인할 수 없는 사실이다. 또한 2005년 마카오 소재 은행 방코델타아시아(BDA)에 대한 금융제재는 북한에 대한 직접적인 제재는 아니었지만 북한에 준 타격은 적지 않았던 것으로 평가되고 있으며, 따라서 미국은 기회가 있을 때마다 이러한 방식의 금융제재의 가능성을 내비치면서 북한을 압박해왔다. 마침내 미국은 2106년 1월 북한의 4차 핵실험에 대응해 같은 해 6월, 북한을 '주요 자금 세탁 우려 대상국'으로 지정, 공표함으로써 북한에 대한 금융제재의 강도를 더욱 높였다.

일본의 대북 경제 제재로 인해 북일 간의 교역이 급격히 감소하고 급기야는 아예 중단된 것은 통계로도 확인되고 있다. 즉, 일본의 대북 경

---

6   이재호·김상기, 『UN 대북 경제제재의 효과 분석: 결의안 1874호를 중심으로』(한국개발연구원, 2011).

제 제재로 인해 북한이 '당사자 효과'로 인한 경제적 타격을 입은 것은 분명해 보인다. 다만 북한은 일본으로의 수출 감소를 상당 부분이 한국으로의 수출 증가로 만회하는 '제3국 효과'가 관찰되고 있다는 조사 결과를 제시한 연구[7]도 있다. 따라서 '당사자 효과'와 '제3국 효과'를 종합해 보면 일본의 경제 제재로 인한 북한의 경제적 타격은 그다지 크지 않다는 것이 일반적인 평가이다.[8]

한국의 대북 경제 제재가 북한 경제에 준 타격에 대해서는 정확하게 평가하기가 어렵다.[9] 우선 제재의 '당사자 효과'는 작지 않은 것을 보인다. 5·24 조치 및 금강산관광사업 중단, 그리고 인도적 지원 중단으로 인한 북한의 외화수입 감소분은 상당한 규모로 추정되고 있다. 문제는 '제3국 효과'이다. 5·24 조치 이후 북한은 중국에 대한 무연탄, 철광석 등 광산물 수출을 크게 늘렸으며 이에 따라 북중교역이 급증하고 북한의 대중 무역수지 적자가 크게 감소했다. 따라서 5·24 조치로 인한 외화수입 감소분을 북중교역 증대를 통해 보충하고 있음을 알 수 있다. 이는 당초의 예상을 뛰어넘은 것이다. 다만 한국으로의 수출길이 막힌 모든 품목을 중국으로 전환할 수 있었던 것은 아니다. 얼마나 쉽게 수출선

---

7 이석, 「대북 경제제재와 북한무역: 2000년대 일본 대북제재의 영향력 추정」, ≪한국개발연구≫, 제32권 제2호(2010).

8 미무라 미쓰히로(三村光弘)도 일본의 경제 제재로 인한 북한의 경제적 타격은 그다지 크지 않다는 견해를 제시하고 있다. 미무라 미쓰히로, 『일본의 대북한 경제제재의 경제적 효과 분석』(대외경제정책연구원, 2005) 참조.

9 5·24 조치의 효과를 둘러싼 논란에 대해서는 김중호, 「대북 경제제재의 효과와 대북정책 시사점」, ≪수은북한경제≫, 여름호(2012) 참조.

(輸出先)을 전환할 수 있었는가 하는 것, 그 전환과정에서 얼마나 고통을 겪었는가 하는 것이 관건이 될 수 있지만 여기에 대해 얻을 수 있는 정보는 매우 제한적이다.

하지만 이것과는 별개로 5·24 조치에도 불구하고 북한 경제는 최근 그다지 나쁘지 않은 상태인 것으로 파악되고 있다. 한국은행 추정에 따르면 북한은 5·24 조치가 취해진 다음 해인 2011년부터 4년 연속 플러스 성장을 기록하고 있다. 물론 현재의 북한 경제를 어떻게 평가할 것인지 전문가들 사이에 의견이 다소 엇갈리고 있지만 여전히 침체상태에 있다는 평가보다는 상대적으로 호전되고 있다는 평가가 다소 우세한 편이다.

한편 북한에 대한 다자·양자 간 경제 제재 레짐을 전망해보기 위해서는 중국, 베트남 등 점진적 체제전환국의 사례에 대한 검토가 선행되어야 한다.

3) 미국의 대중 및 대베트남 제재 해제 및 관계 정상화 사례

(1) 미국의 대중 제재 해제 및 관계 정상화 사례

미국에서는 케네디 정권(1961~1963)의 출범 및 중국의 대약진 운동이 실패로 끝나는 시점에 미국 내 대중국 여론은 비교적 빠르게 변화되기 시작했다. 즉, 그간의 대중국 봉쇄정책은 한계가 있으며, 관계 정상화를 통해 중국을 국제사회에 편입시켜야 한다는 주장들이 나타나기 시작했다. 여기에 중소갈등의 지속으로 중국도 수출 및 수입시장의 다변화가 필요하게 되었다.

1967~1968년 시점에 양국 지도자들은 적어도 비공식적으로는 관계 정상화가 양국의 국익을 위해 필요하다는 인식에 공감하게 되었다. 미국의 대중 제재완화는, '대중 관계 정상화를 위해 점진적 조치(small steps)를 취한다'는 취지의 닉슨 행정부의 공식입장 정리(1969)로부터 시작되었다. 이에 따라 1969년부터 1970년 초에 걸쳐 미국은 일방적으로 대중 경제 제재 조치들을 여러 차례에 걸쳐 완화하는 조치를 발표했다.

1970년 말에 미국은 중국의 유엔 가입을 반대하지 않을 것이라는 신호를 보내게 되고, 이에 대한 대응으로 중국은 고위급 비밀회담을 수용함으로써 중요한 전환점을 맞이하게 되었다. 미국은 이에 1971년 자국민의 중국 방문을 허용하며, 탁구 팀의 방중으로 시작된 '핑퐁외교'를 개시(1971년 3월)하기에 이르렀다. 이어 미국은 1971년 6월, 한국전쟁 당시 취해진 포괄적 경제 제재를 21년 만에 해제했다. 제재 해제가 중국의 긍정적 변화와 관계 정상화를 촉진하는 유리한 여건을 조성할 것이라는 미국 측 인식이 중요한 역할을 수행했다.

1972년 2월 양국 간 정상회담이 처음으로 열렸고 이어 1973년 5월에 연락사무소를 개설했다. 다만 이후 1973년 말부터 1977년까지 중국과 미국은 공히 국내정치적 혼란기에 접어들면서 이 기간 동안 양국 관계는 별다른 진전 없이 소강상태를 보였다.

미국에서는 1976년 말 예상을 뒤엎고 지미 카터(Jimmy Carter) 대통령이 집권하게 되고, 중국은 1977~1978년에 덩샤오핑(鄧小平) 중심의 새로운 실용세력이 집권하여 본격적인 개혁 개방 정책을 추진하게 되었다.

이에 1978년 5월부터 본격적인 수교협상이 개시되어 같은 해 12월에는 대만문제의 완전해결과 역사적인 수교합의에 도달함으로써 수교를 완성하기에 이르렀다.

이후 1979년 7월에는 '관계 정상화'의 결정적 전환점인 쌍무적 무역 협정을 체결하여 상호 최혜국대우(MFN)를 부여하기로 합의했다. 1980년 1월부터 이 협정이 발효됨으로써 적대관계로부터 정상적 관계로의 전환의 대장정은 완성되었다.

(2) 미국의 대베트남 제재 해제 및 관계 정상화 사례

미국과 베트남이 국교를 단절(1975)한 2년 뒤인 1977년에 미국은 베트남에 대해 무조건적인 수교를 제의했다. 선(先) 수교, 후(後) 경제 제재 해제 방식이었는데 베트남 정부는 배상금 우선 지불을 주장하며 수교 제의를 거부했다. 그러다가 1980년대부터 베트남의 캄보디아 철군, 개혁·개방정책의 적극 추진, 실종미군(MIA)에 대한 협조 등으로 미-베트남 양국 간 관계가 상당한 진척을 보이게 되었다.

특히 1991년에 들어와 부시 행정부는 대베트남 관계 정상화의 주요 쟁점들과 이들의 단계적 해결을 구체화한 이정표(road map)를 작성, 제시했다. 이 이정표는 베트남으로 하여금 미국이 제시한 주요 요구사항들을 수용했을 경우 무엇이 기대되고 또 그에 상응하여 베트남이 어떠한 조치들을 취해야 할 것인가를 보여주는 철저하게 반대급부식 일정표이다. 또 이정표는 베트남에 대한 미국의 불신을 반영함과 아울러 당시 힘의 불균형이라는 냉정한 국제정치적 현실을 반영하는 것이다.

이에 따라 1992년부터 미 정부는 단계적으로 경제 제재 완화를 실시했다. 1991년 12월의 미국인 단체여행 허용으로부터 시작하여 1992년 3월의 인도적 차원의 원조 및 물자제공 허용, 1993년 8월 미국 금융기관들의 대베트남 차관 공여 재개 허용 등의 조치가 취해졌다. 이어 프랑스를 위시한 선진국의 대베트남 경제 재재 해제 촉구와 자국의 경제적 실익을 내세운 미국 기업들의 압력이 점차 강해짐에 따라 미 정부는 1994년 2월 경제 제재 전면 해제를 발표했다. 이는 대베트남 무역 및 금융거래, 투자 등에 대한 포괄적 제재의 해제로서 이 조치에 따라 이제는 미국-베트남 간의 상업적 무역이나 금융거래, 투자 자체의 제한은 완전히 없어지게 되었다.[10] 이렇듯 주로 경제적 측면에서 주요 직접적 제재가 해제됨으로써 수교 및 관계 정상화의 기초가 마련되었고, 1995년 7월에 드디어 양국은 외교관계 정상화를 선언했다. 이는 통일베트남 탄생 이후 20년, 본격적인 관계 정상화의 모색이 시작된 이후 18년만의 성과이다. 경제 제재 해제 이후 1년 반 만에, 연락사무소 개설로부터는 6개월이라는 짧은 기간에 수교를 완성한 것이다.

하지만 국교 수립이라는 외교관계 정상화가 무역 등 대외경제관계 정상화를 보장하는 것이 결코 아니라는 사실에 주목해야 한다. 제재 하나만 놓고 보더라도 제한·금지적 제재와 차별적 제재는 차원이 전혀 다르다. 또한 양국 간 관계 정상화 과정에서 제재수단의 분리 적용, 각종

---

10 여기에는 직접적인 제한·금지성 제재만이 포함되어 있고 최혜국대우의 부여와 같은 차별성 제재는 포함되어 있지 않다. 차별성 제재의 해제는 통상 외교관계 수립 후의 관계 정상화 과정에서 중요한 전환점이 될 것이다.

제재의 단계적 해제는 거의 필수적이고, 미국-베트남 사례도 결코 예외는 아니다.

베트남의 경우, 미국과의 무역관계 정상화 과정은 2006년 미국과 항구적 정상적 교역관계(PNTR: Permanent Normal Trade Relations)를 수립함과 동시에 WTO에 가입함으로써 완료되었다. 국교수립에서 PNTR까지 무려 11년의 시간이 소요되었음에 주목해야 한다.

사실 베트남의 사례는 미국과의 국교 정상화가 이루어졌다고 해도 무역 등 대외경제관계 정상화는 매우 험난한 노정일 수 있음을 잘 보여준다. 협상과정에서 미국은 베트남에 대해 강력한 시장개방 요구를 펼쳤고, 또 실제로 이를 관철시켰다. 베트남의 국가 규모, 성장 잠재력, 그리고 배후의 ASEAN시장 등을 고려할 때 미국 입장에서는 베트남이 정치적으로뿐 아니라 경제적으로 가치가 있는 존재였다.

미국의 강력한 시장개방 요구는 베트남 내에서도 심각한 정치적 논쟁을 야기했다. 미국의 요구를 수용할지 여부를 놓고 보수파와 개혁파 간에 치열한 논쟁이 전개되었다. 보수파는 미국이 요구하는 수준의 광범위하고 급격한 개방이 공산당 통치 체제에 위협이 될 수 있다는 우려를 표명했으나, 결국 실용주의적 관점에 선 개혁파가 승리했다.

4) 중국-베트남 사례의 시사점 및 대북 제재 레짐의 전망

중국, 베트남 사례에 대한 검토는 미국이 이른바 적성국과 관계 정상화를 달성하는 데는 큰 흐름으로 보아 공통적인 수순이 있다는 점을 확인시켜준다. 즉, 경제 제재 완화 및 해제 → 국교 수립 → (대외경제 등) 관계 정상화의 순서이다. 요컨대 경제 제재 완화 및 해제는 큰 흐름으로 보아 미국과의 관계 정상화와 연계되어 있지만 엄밀히 따지면 관계 정상화의 이전 단계에 해당된다. 그리고 제재 해제의 경우에도, 경제 제재 완화 → 제한·금지적 제재 해제 → 차별적 제재 해제라는 순서를 밟아 왔다. 북한도 큰 흐름으로 보아 이러한 일반적인 패턴에서 벗어나기 어려울 것으로 보인다.

앞에서 보았듯이 양자 간 경제 제재 레짐, 특히 재제의 해제가 사회주의 국가에 미친 영향은 국가별로 다소 상이하다. 중국은 경제 제재 해제가 한꺼번에 전격적으로 단행되었고, 미국과의 정치외교적 관계가 정상화(1979년)된 이후 얼마 되지 않아 대외경제관계 정상화(1980년)가 이루어졌다. 더욱이 중국은 개혁개방에 착수(1978년)하기 7년 전인 1971년에 이미 미국에 의한 포괄적인 경제 제재 조치가 해제되었고, 국교수립을 위한 논의가 시작되어 1973년에 연락사무소가 설치된 상태였다. 이렇게 적대적 대외환경이 우호적 대외환경으로 전환된 것은 중국 정부가 개혁개방에 착수하게 하는 데 중요한 밑거름이 되었다. 특히 중국의 경우, 대외적인 관계가 충분히 호전된 이후 개혁개방에 착수했다는 점이 눈에 띄는 대목이다.

반면 베트남은 경제 제재 해제가 단계적·점진적으로 이루어졌고, 미국과의 정치외교적 관계가 정상화된 이후에도 무려 11년이라는 오랜 시간이 경과해서야 대외경제관계 정상화가 이루어졌다. 그리고 베트남은 1986년 이후 도이모이의 깃발 아래 본격적인 개혁개방을 추진하는 과정[11]에서 미국에 의한 경제 제재 조치가 단계적으로 해제되었다.

경제 제재의 완화·해제를 위해서는 우호적인 대외환경이 매우 중요하다. 하지만 중국과 베트남의 경험이 상이했던 것은 역시 국제사회에서의 위상 때문이다. 베트남과 같은 약소국은 강대국 중국과는 달리 주체적인 노력이 훨씬 더 중요했다. 물론 그 때문에 베트남은 내부적인 진통을 겪었고 시간도 다소 소요되었다.

그런데 북한의 경제 제재 해제 및 미국과의 관계 정상화 과정을 전망하기 위해서는 베트남의 사례가 가장 시사점이 많을 것으로 보인다.[12] 베트남은 첫째, 공산당 지배가 유지되고 있다는 점, 둘째, 저소득 개도국 상태에서 개혁개방을 시작했다는 점, 셋째, 과거 미국과 전쟁을 치른 경험이 있고 오랫동안 적대적 관계에 있었다는 점, 넷째, 현재는 미국에 대해 약소국이라는 점 등의 면에서 북한과 유사성이 발견된다. 특히 넷째와 셋째(일부)가 중국과 차별되는 포인트이다. 다만 베트남은 북한과 달리 대량살상무기 및 핵문제, 테러지원 문제 등은 없었다는 사실이 고려되어야 한다.

북한의 경제 제재 완화·해제의 전망은 썩 밝지 않다. 포괄적으로 보

---

11 김석진, 『중국·베트남 개혁 모델의 북한 적용 가능성 재검토』(산업연구원, 2008), 45~50쪽 참조.

12 미국 측도 이러한 점을 잘 인식하고 있다. 미 의회 측의 한 보고서는 미국이 북한과 무역협정 체결을 위한 협상을 하기 위해서는 2001년 미국과 베트남 사이에 체결된 쌍무적 무역협정(BTA)을 모델로 해야 한다고 주장하고 있다. Dick K. Nanto and Emma Chanlett-Avery, "The North Korean Economy: Overview and Policy Analysis," *CRS Report for Congress*(2007), p.45 참조.

아 핵문제 및 대량살상무기에 대한 북한 스스로의 노력이 일정 수준 이상이 되지 않으면 미국은 북한에 대한 다자·양자 간 경제 제재 레짐의 완화·해제에 협조적인 태도를 취하지 않을 것이다.

다만 최근 북한과 일본의 관계 개선 움직임은 종전과는 약간 다른 상황의 전개를 예고하고 있다. 핵문제 및 대량살상무기 문제는 별개로 하고, 양국 간 현안에 대해 북한당국이 일정 수준의 성의와 노력을 보인다면 최소한 양국 간 제재를 부분적으로 완화하는 것이 불가능하지는 않음을 보여주고 있다.

4. 경제 제재 레짐을 통한 북한 체제전환 유도·촉진의 과제

1) 국제사회의 입장

미국이 주도하는 국제사회의 대북 다자·양자 간 경제 제재 레짐은 북한에 대해 핵개발 포기와 핵무기 폐기를 요구하고 있다. 하지만 앞에서도 밝혔듯이, 북한에 대한 유엔 안보리 차원의 다자간 대북 경제 제재와 미국, 일본 등 개별 국가에 의한 양자 간 대북 경제 제재는 제재국들이 원하는 방향으로 북한의 행동 변화를 가져오는 데 성공했다고 볼 수는 없다.

앞으로도 국제사회의 대북 다자·양자 간 경제 제재 레짐이 북한의 핵개발 포기와 핵무기 폐기라는 북한의 행동 변화를 유도하기는 쉽지 않을 것으로 보인다. 그럼에도 이들은 북한에 대한 다자·양자 간 경제 제재 레짐을 완화하려는 태도는 보이지 않을 것이다. 이들은 북한의 행동 변화를 제재 완화의 전제조건으로 내세우고 있다. 더욱이 북한이 장거리 로켓 발사, 핵실험 등의 조치를 취한다면 미국, 일본은 경제 제재 레짐을 오히려 강화하려고 노력할 것이고, 중국과 러시아도 그들이 '감내' 할 수 있는 범위 내에서 경제 제재 레짐의 '점진적인 강화'에 동의할 것이다. 미국, 중국, 러시아 등은 핵확산금지조약(NPT) 체제를 지키기 위해서 북한의 일탈행동을 좌시할 수 없다. 비록 제재가 효과는 없다고 하더라도 북한에 대해 국제사회의 일치된 메시지를 전달하는 상징적 측면은 분명 존재하기 때문에 대북 경제 제재 레짐은 유지·강화될 것이다.[13]

물론 북핵문제를 해결하기 위해 대북 경제 제재의 완화·해제를 비롯한 경제적 인센티브 마련에 국제사회가 더욱 적극적으로 나서야 한다는 주장이 없는 것은 아니다. 실제로 과거 북핵문제 해결을 위한 6자 회담에서, 특히 9·19 공동성명 3항에서 북한에 대해 "6자의 에너지, 교역 및 투자 분야에서의 경제협력"이 약속된 바 있다. 하지만 최근 미국에서는 과거의 이러한 '보상 약속'에 대한 비판의 목소리가 높은 실정이다.

아울러 시간이 지날수록 북핵문제 해결에서 경제적 인센티브의 역할은 작아지고 있다는 지적이 많다. 북한의 행보를 보아도 그러하고 미국의 대응을 보아도 그러하다는 것이다. 일각에서는 북핵문제 해결에서 경제적 인센티브가 주된 변수로 작동할 수 있는 시기는 지나갔다고 보

---

13 장형수, 「대북경제제재: 현황과 전망」, 《KDI 북한경제리뷰》, 3월호(2013), 45~46쪽.

고 있다. 요컨대 북핵문제 해결은 기본적으로 군사안보적 요인이 압도적으로 중요하게 되었다는 것이다.

따라서 현재 미국은 1990년대 초에 베트남에게 제시했던 관계 정상화 이정표는 북한에 대해서는 고려조차 하지 않고 있는 것으로 보인다. 앞에서도 설명했듯이 미국의 부시 행정부는 1991년에 대베트남 관계 정상화의 주요 쟁점들과 이들의 단계적 해결을 구체화한 이정표를 작성, 제시했다. 이 이정표는 베트남으로 하여금 미국이 제시한 주요 요구사항들을 수용했을 경우 무엇이 기대되고 또 그에 상응하여 베트남이 어떠한 조치들을 취해야 할 것인가를 보여주는 철저하게 반대급부식 일정표이다. 또 이정표는 베트남에 대한 미국의 불신을 반영함과 아울러 당시의 힘의 불균형이라는 냉정한 국제정치적 현실을 반영하는 것이다. 하지만 현재 미국은 북한에 대해 이 정도의 관심조차 보이지 않고 있는 게 북미관계의 현주소이다. 더욱이 미국은 북한에 대해 다자·양자 간 경제 제재 레짐의 완화·해제를 통해 본격적인 개혁개방을 유도, 촉진한다는 생각도 없는 것으로 보인다.

2) 한국의 과제

앞에서도 서술했듯이 북한에 대한 다자·양자 간 경제 제재 레짐의 완화 및 해제는 독립변수로 존재하는 것이 아니다. 정치외교의 영역이자 상위범주에 속하는 여러 요인의 영향을 받는다. 북한의 체제전환도 마찬가지이다. 앞에서 보았듯이 경제적 요인보다 정치외교적 요인의 규정력이 훨씬 더 크다. 아울러 북한에 대한 다자·양자 간 경제 제재 레짐은 미국 주도의 국제사회가 의사결정권한을 가지고 있어 한국이 개입할 수 있는 여지는 제한적이다.

그렇다고 해서 한국이 북한의 체제전환 문제를 비롯해 이른바 북한 문제에 대해 국제사회의 의사결정을 추수하기만 하는, 즉 수동적인 태도만 취하는 것이 바람직한지 의문이 제기될 수 있다. 또한 북한에 대한 경제적 인센티브의 영향력이 약화되고 있기는 하지만 이를 도외시하기는 어려운 상황이다.

향후 미국은 북한 핵문제 해결의 진전이 있을 경우, 북한에 대해 국교 수립 및 관계 정상화를 점진적·단계적인 방식으로 추진할 가능성이 크다. 이때 최종 목표지점인 관계 정상화로 가기 위해 북한의 행동 변화를 순차적, 단계적으로 유도하는 수단으로서 양자 간 경제 제재 해제 및 대외경제 관계 정상화의 수준을 점차 높이는 방식을 취할 것으로 보인다.

여러 가지 조치들이 필요하지만 북한 경제 입장에서 실질적인 의미를 가지는 핵심적인 사안들은 다음 몇 가지이다. 즉, ① 미국 정부 차원의 대북원조, ② 미국 수출입은행 및 해외민간투자공사 이용 등 미국 정부의 대북 교역 및 투자 촉진정책 활용, ③ 정상교역관계(NTR) 및 일반특혜관세(GSP) 지위 획득이다. 그런데 베트남의 사례에서 보듯이 이러한 제재의 완전 해제는 매우 오랜 시간이 소요될 것이고 따라서 북한에 대한 경제적 인센티브 차원에서 제재의 일시적 중단 혹은 제재의 예외적 존재의 창출을 생각해볼 필요가 있다.

그러한 의미에서 예컨대 QIZ 사례는 주목할 만하다. QIZ(Qualifying

Industrial Zone, 적격산업단지)란 관세 및 쿼터를 면제해주는 특별구역을 의미하는데, 개도국이 경제개발 초기에 도입하는 EPZ(Export Processing Zone)의 변형된 형태이다. 그리고 EPZ는 수출대상국가에 관계없이 세제 등에서 특혜를 제공하는 반면 QIZ는 특정 국가로의 수출에 대해서만 특혜를 제공한다.

QIZ는 미국이 중동 평화를 위해 요르단과 이집트에 제공한 특례 조치가 유일하다. 미국-요르단 QIZ는 1998년 3월에, 미국-이집트 QIZ는 2004년 12월에 지정되었다. 요르단과 이집트의 QIZ에서 생산된 제품은 특정한 원산지 기준을 충족할 경우 미국-이스라엘 FTA의 혜택을 받아 미국으로 무관세 수출될 수 있다. 이들 QIZ는 출범 초기 몇 년간 큰 성과를 거두었다. 거대 미국 시장에 대한 진입이 훨씬 자유롭게 되어 수출의 증가는 물론, 대미수출에서 무관세 혜택을 누리려는 외국기업의 진출(투자)을 촉진했다.[14]

물론 북한에는 미국-요르단, 미국-이집트 간 QIZ를 기계적으로 적용하는 것이 아니라 아이디어를 원용하는 것이다. 그동안 한국 내에서 QIZ는 주로 개성공단과의 연관성하에 거론된 바 있다. 특히 한미 FTA에서 개성공단을 역외가공지역으로 인정해 개성공단 생산 제품을 한국산으로 인정해달라는 것이었다. 그런데 미국이 이 문제에 대해 소극적인 태도를 보였던 것은 여러 가지 이유가 있다. 개성공단은 사실상 남한

---

14 사실 미국과 요르단, 이집트의 QIZ는 경제적 논리가 아니라 정치적 논리의 산물이다. 이스라엘과 아랍의 분쟁을 완화하고 중동 지역에서의 미국의 영향력 증대를 위해 미국이 요르단, 이집트에 대해 일정 수준의 특혜를 일방적으로 제공한 것이다.

기업 전용공단이고, 따라서 남한 기업(특히 대기업)의 경쟁력 확대 및 미국 시장 공략 강화에 대한 미국 산업계의 우려의 목소리도 하나의 요인으로 작용했다.

그러나 QIZ 사례를 북한 기업이 중심이 되는(합작 포함) 경제특구(혹은 수출가공구)에 원용하는 방안은 검토해볼 만한 것으로 보인다. 향후 북한의 경제개발 방향은 과거 남한의 경험이 시사하듯이 대외지향적 공업화가 될 수밖에 없고 특히 초기에는 섬유·전기전자 등 노동집약적 산업을 주력 수출산업으로 육성하는 것이 긴요하다. 이런 방식으로 미국 시장에 대한 접근성이 확보되면서 판로 문제가 해결된다면 북한의 외국인 투자 유치는 비약적으로 발전할 가능성이 있다.

요컨대 북한이 대량살상무기, 마약, 위폐 등을 통해 외화를 획득하지 않고, 또 지금처럼 광산물, 수산물 등 1차 산품을 통해 외화를 획득하지 않고, 이른바 지속가능한 성장을 견인할 수 있는 방안을 대북 제재 완화와 연계해 제시하는 것이다. 또한 이것이 북한을 국제사회에 편입시키는 동시에 북한을 '건전하고 건강한' 길로 이끄는 바람직한 방안이기도 하다. 북한을 이러한 방향으로 유도하기 위해 인센티브를 제시할 필요가 있다.

이와 관련, 한 가지 유념해야 할 사실은 북한 정부의 입장에서 보면 대북 경제 제재의 완화·해제는 경제난 해소의 필요조건이지 충분조건은 아니다. 즉, 경제 제재의 완화·해제에서 그치지 않고 경제난 해소를 위한 제반 소프트웨어 및 하드웨어를 구축하는 것이 긴요하다. 예컨대 QIZ의 적용에 의해 미국 시장에 대한 접근성이 확보된다고 해도 이와 관련된 북한의 내부 역량을 키우는 것이 중요하다. 따라서 한국은 이 부분에 대해서도 역할을 수행할 의지가 있음을 미국과 북한에 대해 제시하는 것이다.

우선 북한 내외부에서 진행되고 있는 관료, 실무자, 학자 등을 대상으로 한 시장경제 교육을 보다 적극적으로 지원함으로써 북한의 대외개방을 위한 기본 역량을 강화하는 것이다. 외국 또는 국제기구 주도의 시장경제 교육에 대한 자금 지원을 확대하고, 중국, 유럽 등에 파견하는 북한 경제관료의 해외연수프로그램과 연계하는 것이고, 선진국의 시장교육 프로그램을 도입하여 평양에서 실시하는 방안도 검토할 만하다.

아울러 북한의 경공업 수출산업 육성과 남북경협을 연계하는 것이다. 즉, 남북 경제특구의 활성화, 위탁가공사업의 업그레이드, 남북한 합작 기업 등을 통해 북한 기업의 수출역량을 강화하는 한편 북한의 경공업 수출산업화를 위해 설비 현대화, 기술 지도, 경영 노하우 전수, 수출 마케팅 지원 등을 결합한 종합적 지원 프로그램을 실시하는 것이다.

5. 결론

북한에 대한 다자·양자 간 경제 제재 레짐의 완화와 해제를 통한 북한의 체제전환 유도·촉진이라는 과제는 현실의 세계에서 결코 용이한 과제가 아니다. 동시에 이는 단기간 내에 달성 가능한 과제가 아니라 장기적으로 추진해야 할 과제이다. 사실 북한의 체제전환도, 북핵문제 해결도 단시일 내 이루어지는 것이 아니라 장기적인 관점에서 접근해야 할 사안이다.

아울러 북한에 대한 경제 제재 레짐의 완화·해제는 북한의 체제전환에 영향을 미치는 변수의 하나이지만 결정적인 변수는 아니다. 사실 대북 제재 레짐의 완화·해제는 독립변수로 존재하는 것이 아니다. 북한의 대외정책, 미국을 비롯한 국제사회의 대외정책 및 대북정책, 개별국가의 대북정책 등 좀 더 핵심적이고 상위범주에 속하는 여러 요인들의 영향을 받는다. 제재의 목적 자체가 그러하듯이 이는 기본적으로 정치외교의 영역에 속한다. 아울러 제재의 완화 및 해제는 북한의 체제전환은 더 핵심적이고 상위범주에 속하는 여러 요인들의 영향을 받는데 이는 대부분 정치외교의 영역에 속한다.

그런데 미국은 핵문제 및 대량살상무기에 대한 북한 스스로의 노력이 일정 수준 이상이 되지 않으면 북한에 대한 다자·양자 간 경제 제재 레짐의 완화·해제에 협조적인 태도를 취하지 않을 것이다. 더욱이 미국은 현 단계에서, 북한에 대해 다자·양자 간 경제 제재 레짐의 완화·해제를 통해 점진적인 체제전환을 유도한다는 생각도 없는 것으로 보인다.

게다가 미국 및 중국 정부는 북한에 대한 경제적 인센티브 제공, 나아가 북한 경제 재건에서의 자국의 역할에 대해 진지하게 고민해보았다고 보기 어렵다. 특히 미국 및 중국이 북한에 대한 경제적 인센티브 제공에 역할을 수행하는 것은 당장이 아니라, 북한 핵문제 해결이 가시화되는 시점에 가서야 생각해보는 사안으로 생각하고 있다. 또한 김정은 시대 들어 핵무력-경제 병진 노선을 공식화한 북한은 '우리식 경제관리방법',

'사회주의기업책임관리제', 과감한 경제개발구 구상 등을 통해 나름대로 경제문제를 풀기 위한 노력을 벌이고 있지만 국제사회의의 호응을 얻지 못하고 있다.

이러한 상황에서 한국의 역할, 나아가 적극적 태도가 중요하게 된다. 한국을 포함해 한반도 주변국들의 관심사와 이해관계는 공통점도 있지만 상이점도 있다. 예컨대 미국은 한반도에 대해 북한 핵문제가 최대의 관심사일 수 있지만 한국은 북한 핵문제뿐만 아니라 남북통일이라는 과제도 동시에 안고 있다. 따라서 이른바 북한 문제에 대해 국제사회의 의사결정을 추수하기만 하는, 즉 수동적인 태도만 취하는 것이 바람직한지 의문이 제기될 수 있다.

한국은 북한에 대한 경제적 인센티브 차원에서 제재의 일시적 중단 혹은 제재의 예외적 존재의 창출에 관한 정책 아이디어를 발굴해야 한다. 나아가 제재의 완화와, 경제개발을 위한 소프트 및 하드웨어 구출을 연계해 제재 완화의 효과를 극대화할 수 있는 방안도 제시하고 또한 이 과정에서 한국의 역할에 대해 의지를 보여야 하고 또한 이를 실천해야 한다. 이를 통해 미국과 북한을 설득해나가야 한다. 북한에 대해서는 정책적 변화의 노력을 끌어내어야 하며, 미국에 대해서는 제재 해제와 관련된 미국의 경제적 혹은 비경제적 이해관계를 창출하려는 노력이 필수적이다. 북한에 대해 경제적 인센티브를 창출하려는 이러한 노력은 북핵문제 해결을 위한 정치외교적·군사안보적 차원의 노력과 병행되어야 함은 물론이다.

참고문헌

1. 국내 문헌

1) 단행본
김석진. 2008.『중국·베트남 개혁 모델의 북한 적용 가능성 재검토』. 산업연구원.
나카가네 가쓰지(中兼和津次). 2001.『중국경제발전론』. 이일영·양문수 옮김.
　　나남출판.
미무라 미쓰히로[미무라 미쯔히로(三村光弘)]. 2005.『일본의 대북한 경제제재의
　　경제적 효과 분석』. 대외경제정책연구원.
이재호·김상기. 2011.『UN 대북 경제제재의 효과 분석: 결의안 1874호를 중심으
　　로』. 한국개발연구원.

2) 논문
김중호. 2012.「대북 경제제재의 효과와 대북정책 시사점」. ≪수은북한경제≫,
　　여름호.
배종렬. 2012.「신정부의 바람직한 대북 경제협력 추진방향」. ≪수은북한경제≫,
　　겨울호.
양문수. 2013.「다자·양자 간 경제 제재 레짐에 대한 북한의 법·제도적 대응」.
　　경남대 극동문제연구소 주최 한국연구재단 중점연구소 지원사업 3단계 제
　　2차년도 학술회의 발표 논문(2013.8.28).
이 석. 2010.「대북 경제제재와 북한무역: 2000년대 일본 대북제재의 영향력 추정」.
　　≪한국개발연구≫, 제32권 제2호.
장형수. 2016.「국제사회의 대북제재: 실효성과 한계」.『북한의 핵실험과 대북
　　경제제재』, 국방관리대학원 학술세미나 자료집(2016.5.29).

2. 외국 문헌

1) 단행본

Kornai, J. 1992. *The Socialist System: The Political Economy of Communism.* Princeton: Princeton University Press.

2) 논문

Nanto, Dick K. and Emma Chanlett-Avery. 2007. "The North Korean Economy: Overview and Policy Analysis." CRS Report for Congress.

제4장

북한 인권법제 개혁을 위한 글로벌 거버넌스의 역할

민경배

1. 서론

북한은 1990년대 말부터 나름대로 북한 인권 상황에 대한 국제적 비난을 의식하면서 헌법 개정 등을 통해 인권법제 개혁을 위한 법제적 대응을 해왔다. 북한 체제전환의 순조로운 성공은 북한 주민에 대한 인권보장을 위한 법제도적 확립을 의미한다고 할 수 있다. 점진적이든 급진적이든 사회주의국가들의 체제전환과 그에 따른 규범적 완성에는 글로벌 거버넌스 차원의 지원과 협력이 필수적으로 수반되어왔다. 특히 북한 체제전환이 기존체제 유지를 갈망하는 지배세력에게는 수용 불가능한 변화이기 때문에 경우에 따라 북한 주민에게 치명적인 인권유린 사태가 발생할 개연성도 없지 않다. 지배세력의 불안을 무마하면서 안전을 담보할 수 있는 북한 인권법제의 개혁이 진행되어야 할 것을 요구하고 있다. 즉, 체제전환 과정에서 북한 주민의 인권을 확보할 수 있는 최적의 법적 수단은 지배세력의 안전에 대한 불안을 해소하면서 북한 인권법제를 글로벌 거버넌스의 기준에 맞게 점진적으로 개혁을 진행하는 모습이 되어야 할 것이다. 이를 위해서는 글로벌 거버넌스 차원의 역할이 무엇보다 중요하다. 또한 이 과정에서 남한의 역할과 정책적 대안 마련에 대한 필요성은 피할 수 없는 사안이 되어야 할 것이다.

따라서 '우리식 인권' 개념을 기초한 현재의 북한 인권법제가 글로벌 거버넌스 기준에 따라 개선되어야 할 북한 인권법제는 어떤 것이고, 이를 위한 국제협력의 구체적인 역할과 지원내용 그리고 새로운 지원모델의 창출과 그 가능성 및 그 과정에서 남한의 적극적인 관여와 주도적 역할을 위한 방안 모색이 연구되어야 할 것이다. 이에 따라 이 글은 북한이 개혁해야 할 인권 관련 법제, 즉 정치, 경제, 사회, 문화 등 제반 영역의 개혁 내용과 방향을 검토한다. 이를 바탕으로 체제전환국 경험과 북한의 특수 상황을 고려하여 글로벌 거버넌스 행위자들, 특히 유엔 등 국제기구와 미국을 비롯한 개별국가들의 지원 원칙에 상응하는 구체적인 사례와 변용 가능성을 제시한다. 이 과정에서 남한은 북한 인권법제 개혁을 위한 어떤 국내의 법제도적 기반을 마련해야 하는지에 대해 고민해야 할 것이다.

이 글은 먼저 북한의 인권법제 개혁 내용을 분석하고, 이를 바탕으로 글로벌 거버넌스 차원에서 요구되는 인권법제와 북한 인권관에는 어떤 괴리가 있는지를 검토한다. 나아가 북한 인권법제 개혁을 추동하기 위해 글로벌 거버넌스 차원에서 어떤 역할을 해왔는지를 국제기구와 개별

국가로 나누어 주목하지만, 국제적 내지 국가적 차원의 인권 관련 NGO 역할은 논외로 한다. 이는 세계적 범위에서 이미 공인받고 있는 그들의 인권개선을 위한 높은 역할과 위상에도 불구하고 연구의 초점을 집중하려는 의도에 따른 것이다. 마지막으로 글로벌 거버넌스의 차원에서 이미 진행되고 있고 북한의 인권문제 개선을 위한 역할에 동참하려는 법제적 대응인 남한의 북한인권법 제정을 둘러싼 논의와 문제점을 검토해볼 것이다.

2. 북한 인권법제의 개혁

1) 북한의 인권관

북한은 국제사회에서 보편적으로 수용되고 있는 인권관을 부인하고 인권에 대한 상대주의를 제기하면서 '우리식' 인권의 정당성과 우월성을 주장하면서 '우리식' 인권 개념을 내세우고 있다. 북한은 보편적 인권관의 기준이 되는 유엔 인권법제에 의한 북한 인권문제에 대한 의견을 주권과 내정간섭으로 인식하고 있다.[1] 북한 문헌에 따르면 인권의 본질이 사회적 집단 속에서 '자주적으로, 창조적으로 살며 발전하려는

---

1 김수암, 「국제사회의 인권제기에 대한 북한의 인식과 대응」, 『북한인권 관련 국가, 국제기구 및 INGO의 동향 분석』(국가인권위원회, 2007), 337~338쪽.

사회적 인간의 신성한 권리'[2]로 정의하면서, 기본적으로 개인보다는 집단을 우선시하는 집단주의 원칙[3]과 계급성이라는 시각에서 인권이 규정되고 있다. 또한 북한은 인권이 국경을 초월하는 보편적 가치가 결코 될 수 없다고 인식하고 있다. 이는 사회주의법이론에서 전통적으로 자연법의 유효성을 무시하고(unbekannt) 있기 때문일 것이다. 즉, 자연권(Naturrechte)으로서의 인권을 인정하지 않는다.[4] 인권은 국가가 보장하는 권리이기에 국권침해는 최대의 인권유린이라는 것이 북한의 주장이다. 국가의 자주권을 떠난 인권은 존재하지 않으며, 특히 민족자결권을 떠나 인권보장이 실현된 사례는 있을 수 없다고 강변하고 있다. 나아가 북한에 대한 국제사회의 인권문제 제기 자체가 국가주권의 침해라는 입장을 견지하고 있기 때문에 강력한 군사력으로 국가주권을 수호하지 않고서는 인권이 결코 보장될 수 없다는 것이다.[5] 따라서 북한의 선군정치 강화는 결국 북한 주민의 인권보장을 좀 더 강화하게 된다는 논리로 연결된다. 이처럼 북한은 스스로 인권 개념의 유연성을 거부함에 따라 인권과 관련하여 미국을 비롯한 국제사회와의 인권대화의 여지를 어렵

---

2 김억락, 「인권의 본질에 대한 주체적 리해」, ≪김일성종합대학학보: 력사·법학≫, 제43권 제4호(김일성종합대학출판사, 1997), 42~43쪽.

3 북한 헌법 제63조에서 공민의 기본권은 "〈하나는 전체를 위하여, 전체는 하나를 위하여〉라는 집단주의원칙에 기초"해야 한다는 규정을 통해 인권에 대한 집단주의적 성격이 헌법적 차원에서 뒤받침하고 있다.

4 민경배, 「UN의 인권법제에 대한 북한의 시각과 대응」, ≪법학연구≫, 제17집 제1호(인하대학교 법학연구소, 2014), 119쪽.

5 리광혁, 「제국주의자들의 〈인권옹호〉 궤변의 반동적 본질」, ≪정치법률연구≫, 13호(루계31호, 과학백과사전출판사, 2010), 29~30쪽.

게 하고 있지만, 최근 어떤 국가와도 인권대화를 할 수 있다는 주장을
하고 있다.

2) 국제적 인권법제에 대한 북한의 반응

북한은 국제인권법제가 지니고 있는 권고적 성격을 근거로 삼아 국
가주권의 중요성을 강조하면서 국제인권규범의 수용을 원칙적으로 거
부하고 있다.[6] 다만 점증하는 북한 시장화에 따른 대외의존도가 높이지
면서 선택적으로 거부와 수용의 이중적 대응을 변칙적으로 해왔다. 올
해 9월 13일 '조선인권연구협회'의 보고서를 통해 인권의 국제적 보장과
관련한 북한의 입장과 노력 그리고 북한의 인권보장을 가로막는 주요
난관을 설명했다.[7] 나아가 북한에서의 인권보장 전망을 분야별로 제시
했다.[8] 이러한 북한의 대응은 최근 유엔을 비롯한 선진제국들의 북한
인권상황에 대한 비난과 압박의 반발로 판단된다. 특히 2013년 3월 21
일 유엔인권이사회가 '북한인권조사위원회(COI)'[9] 설치를 골자로 하는

---

6 한영서, 「인권보장과 관련한 국제법적제도에 대한 리해」, ≪김일성종합대학학보: 력
   사·법학≫, 제55권 제4호(김일성종합대학출판사, 2010), 132~136쪽.
7 조선인권연구협회, 「조선인권연구협회보고서」(2014), 168~231쪽.
8 같은 책, 231~242쪽.
9 2013년 3월 21일 유엔 차원의 첫 공식기구로 출범한 북한인권조사위원회는 북한 인권
   상황 및 인권침해 가능성 등에 대해 1년간 포괄적인 조사를 진행했고, 조사대상은 식량
   권 침해, 수용소와 관련된 인권침해, 고문과 비인간적 대우, 자의적 구금, 차별, 표현의
   자유 침해, 생명 침해, 이동의 자유 침해, 타국민의 납치와 강제 실종 문제 등이었으며,
   이 위원회는 2014년 2월 17일 보고서를 발표했다. 내용은 www.ohchr.org 참조. 한글
   번역본은 북한인권연구센터 엮음, 『2014 유엔 인권이사회 북한인권조사위원회 보고서』

11년째 채택한 북한인권결의안에 대해 '일고의 가치도 없는 정치협잡행위'로 규정하여 전면 배격한다는 주장에서 국제사회의 개입에 대한 북한의 강력한 반발을 확인할 수 있다.

그러나 북한은 최근 2014년 5월에 실시된 2차 UPR[10]을 위해 제출한 북한의 국가보고서에서 여성, 아동, 장애인, 노인 등 이른바 취약계층의 보호에 대한 상당한 관심을 표명했다. 또한 지진화산피해방지구조법 제정, 국가재난기구 설치 등 재난 및 안전을 중요한 인권으로 규정하면서 경제·사회·문화적 권리에 건강·교육·식량권과 문화생활권리까지 포함함으로써 국제사회의 의견을 수렴하기도 했다.

이러한 변화는 시장화의 진전에 의해 점증하는 경제국제화로 대외의 존도가 높아짐에 따라 국제사회의 지원과 협력을 염두에 두어야 하는 환경변화의 반응으로 해석할 수 있을 것이다. 때문에 유엔인권규범과 그에 기초한 의무를 체제위협에 부담이 되지 않을 경우 제한적이나마 선별적으로 수용했고, 동시에 인권 관련 국내법의 변화를 통해 유엔인권법제의 내용을 수렴하는 전향적인 노력도 확인할 수 있다.

이처럼 북한이 국제인권법제에 대한 대응에서 과거와 달리 일정한 변화를 보이고 있는 것은 한편으로 국내 시장화에 따른 점증하는 인권

(통일연구원, 2014) 참조.

10 2차 UPR에서 유엔인권이사회는 정치범수용소 폐지, 공개처형 금지 등 총286개의 북한 인권상황 개선 권고를 담은 보고서를 확정했다. 이에 대해 북한은 286개 권고 중 조직적이고 광범위하게 반인도적 범죄가 자행된 사실의 인정, 성분제 폐지 등 83개 권고는 수용을 거부하고, 사형제도 폐지를 위한 유예 조치 등 185개 권고에 대해서는 2013년 9월 인권이사회 회의 이전에 답변하겠다고 밝혔다.

환경 변화에 대응하면서 다른 한편으로 국제적 기준에 맞추어 최대한 인권 관련 국내법의 개혁을 도모하여 국제사회의 좀 더 많은 지원과 협력을 받으려는 의도에 따른 것으로 판단된다.

3) 북한 인권법제의 개혁

(1) 헌법

우선 1997년 유엔인권소위원회의 이동의 자유 보장에 대한 결의안을 수용하여 1998년 헌법 개정에서 거주·여행의 자유를 제75조에 신설했다. 서방세계의 적극적인 지원과 협력을 견인할 수 있는 법적 수단으로 북한은 2009년 헌법 개정에서 인권 존중과 보호 조항을 신설했다. 그러나 제8조 제2항에서 "국가는 …… 근로인민의 리익을 옹호하며 인권을 존중하고 보호한다"라는 내용에서 주목해야 할 부분이 있다. 즉, 인권 존중과 보호의 대상은 '근로인민'이지 '공민'이 아니라는 점이다. 법률적 의미인 북한국적을 가진 공민과 달리 노동당의 정책을 지지하며 실행하는 정치적 의미인 인민의 범위는 언제나 공민에 비해 좁을 수밖에 없다.[11] 이는 북한당국이 인민이 아니라는 이유로 주민들의 인권을 침해할 수 있는 정치적 근거로 활용될 여지가 남게 된다.[12] 그럼에도 향후 시

---

11 민경배, 「중국의 공산당정책(규범)과 국가법의 관계」, ≪공법학연구≫, 제5권 제3호(한국공법학회, 2004), 415쪽.

12 북한과 달리 중국은 헌법 제2조 제1항에 "중국의 모든 권력은 인민에게 있다(中华人民共和国的一切权力属于人民)"라고 규정하고 있고, 제33조 제3항에서 "국가는 인권을 존중하고 보장한다(国家尊重和保障人权)"고 규정되어 있어 마치 인권 존중과 보호 대상이

장화의 심화로 요구되는 인권 관련 개별법들의 헌법적 근거를 확립했다는 점에서 의미가 없는 것은 아니다.[13]

(2) 자유권적 법제

자유권적 인권 친화적 북한법제 개혁의 백미는 2004년 전면적인 개정으로 유추해석규정 삭제와 죄형법정주의 채택이다. 또한 특별구성요건의 세분화와 명확화, 형벌 종류의 재정비, 법정형의 완화, 경제범죄의 도입 등 사회변화를 적극적으로 반영함으로써 국제인권기준에 비추어 자유권적 보장에 주목되는 진전이 이루어진 것으로 평가할 수 있다. 2004년 형사소송법 개정을 통해 인권보장을 강화하는 다양한 규정들을 수용했다. 이러한 경향은 야간심문의 원칙적 금지(제162조), 강제 심문 및 유도심문의 금지(제166조), 피심자에 대한 권리통고(제168조), 법정에서의 피소자 구속금지원칙(제282조) 등에서 확인할 수 있다. 그러나 2004년 형법 개정 이후 수많은 개정을 거치면서 새로운 범죄유형에 대한 규범적 대처와 법정형의 강화는 인권보장을 위한 개선취지를 무색케 했다.

그 외 2011년 행정처벌법[14]을 개정하여 계약규율위반행위(제52조) 등

명확하지 않는 것처럼 보이지만 제33조가 중국헌법 제2장의 "공민의 기본적 권리와 의무(公民的基本权利和义务)" 내에 규정되어 있기 때문에 그 대상이 주권자인 인민에 한정되는 것이 아니라 '공민'임을 명확히 알 수 있다.

13 민경배, 「북한의 시장화에 따른 인권법제의 변화」, 『북한인권정책연구 최종보고회』, 제3권(통일연구원, 2014), 13~14쪽.

14 행정처벌법의 주요 내용은 한명섭, 「북한의 인권관련 법률과 그 적용 실태」, 대한변협

많은 경제 관련 위법행위가 신설되었고, 이에 대한 처벌유형도 오히려 다양해졌다. 또한 2009년 제정되어 두 차례 개정한 살림집법, 2010년의 철도차량법, 2010년의 자재관리법, 2008년의 설비관리법 등이 새롭게 제정되었다.

(3) 사회권적 법제

북한은 근로권과 취약계층의 권리 등을 보호하기 위한 법률의 제·개정을 2000년대에 들어 광범위하게 추진했다. '고난의 행군'과 그에 따라 가시화된 북한의 시장화는 1999년 사회주의노동법의 개정, 즉 해고금지 조항 신설(제34조 제2항)[15] 및 여성근로자의 산전산후휴가 연장에 대한 개정(제66조)[16]을 가져왔다. 2010년 노동보호법을 새로이 제정하여 시행함으로써 기존 사회주의노동법에 비해 근로자의 인권보호에 진일보한 것으로 평가할 수 있다. 사회보장법을 2008년 제정하여 오히려 사회보장 대상자들에 대한 통제를 강화했다는 주장에도 불구하고 북한은 취약계층, 특히 나이가 많거나 병 또는 신체장애로 노동능력을 잃은 사람, 돌볼 사람이 없는 늙은이, 어린이 등의 생존이 위협받게 되면서, 이들을 보장대상[17]으로 했다. 헌법을 비롯한 북한 국내법에 규정되어 있

인권재단, 『2014 북한인권백서』(대한변호사협회, 2014), 82~84쪽.

15 제34조 제3항은 "국가기관, 기업소는 일시적으로 로력이 남는다고 마음대로 제적할수 없다"라고 규정하여 근로권을 철저히 보장한 것으로 보인다.

16 제66조는 기존 '여성근로자의 산전 35일, 산후 42일'을 '산전 60일, 산후 90일'로 휴가기간을 대폭 연장했다.

17 보장대상에는 이들 외에 혁명투사, 혁명열사가족, 애국열사가족, 사회주의애국희생자

는 여성권리에 관한 내용을 재확인하고 또한 구체화하여 2010년 여성권리보장법을 채택하여 2011년 수정 보충했다.[18] 또한 헌법을 포함한 개별 법률에 규정되어 있는 아동권리에 관한 내용을 재확인하고 구체화하여 2010년 아동권리보장법을 제정했다. 이는 북한 아동에 대한 국제사회의 지속적인 관심 제고와 개선 촉구에 대해 적극적으로 반응하고 있음을 보여준 것으로 평가된다. 2007년 연로자보호법을 채택하여 두 차례의 개정을 통해, 노인의 인권보장에 대한 북한 당국의 의지를 보여주었다는 점에서는 긍정적이다. 현실은 달랐다. 연로자보호법의 적용 실태에 대한 설문조사 결과를 보면 기본적 생활을 유지하기 위한 부양 및 건강보장을 위한 제도 등도 현실에서 제대로 준수가 되지 않고 있었다.[19] 그리고 2003년 제정한 북한의 장애자보호법이 장애인권리협약과 비교할 때 몇 가지 문제점이 있는 것으로 비판을 받아왔지만,[20] 2013년 12월 장애자보호법을 개정하여 장애인들에게 좀 더 유리한 생활환경과 조건을 마련해주는 데 이바지하고 있다는 북한의 주장은 있으나,[21] 개정법 전문은 아직 알려지지 않고 있다.

우리식 인권관의 주장에도 불구하고 북한은 글로벌 거버넌스 차원에

가족, 영웅, 전쟁노병, 영예군인을 포함시켜 사회적으로 우대하도록 하고 있다.

18 민경배, 「북한의 시장화에 따른 인권법제의 변화」, 19쪽.

19 황재옥·한명섭·오경섭, 「차별 및 사회적 취약계층의 인권」, 대한변협인권재단, 『2014 북한인권백서』, 204~205쪽.

20 문제점은 이규창, 「북한 장애인의 권리 신장을 위한 법제도적 과제: 북한의 장애인권리협약 서명을 계기로」, ≪통일문제연구≫, 제25권 2호(통권 제60호, 2013), 9~10쪽 참조.

21 조선인권연구협회, 『조선인권연구협회 보고서』(조선인권연구협회, 2014), 95쪽.

서의 지적과 비난을 비껴갈 수 없었기 때문에 이처럼 인권 관련 법제에 변화를 수용할 수밖에 없었다. 이는 북한 인권법제의 개혁에 대한 글로 벌 거버넌스의 지위와 역할이 지니는 무게감을 명백히 확인할 수 있다.

3. 북한 인권법제의 개혁과 글로벌 거버넌스의 역할

1) 북한 인권법제 개혁에 대한 유엔의 역할

유엔은 국제기구에서 인권보장과 관련한 중추적인 역할을 담당하고 있으며, 유엔헌장이 국제적 인권보장을 자신의 주요 목적의 하나로 담 보하고 있다. 유엔 인권법제가 지니고 있는 이런 근원적 한계에도 불구 하고 유엔회원국들은 인권보장을 담보할 수 있는 가장 강력한 규범적 무기로서 유엔 인권법제를 인정하고 있다.[22] 이는 글로벌 거버넌스 차 원에서 유엔이 차지하고 있는 지위와 역할에 따른 실천력에 기인한 것 으로 판단된다.

(1) 유엔의 인권 관련 조직

1948년 12월 10일 유엔총회가 채택한 세계인권선언은 인류가 추구

---

22 유엔 인권보호 체제의 평가와 과제에 대해서는 백현진, 「UN의 인권보호 체제」, ≪국제 인권법≫, 제2호(국제인권법학회, 1998), 14~17쪽.

해야 할 인권의 보편적 가치를 제시하면서 개별국가들이 준수해야 하는 규범적 내용을 담고 있다. 이를 실현하기 위해 유엔은 각 국가 내에서 자행되는 인권침해를 고발하고 개선을 요구해야 할 의무를 부여한 헌장과 실행규범을 함으로써 자신의 인권 관련 조직과 법제를 발전시켜왔다. 인권과 관련한 유엔의 행동양식은 자신의 고유한 특징을 지니고 있다. 즉, 유엔인권기구가 개별 국가의 보편적 인권 개념을 관통하는 것에 목표를 두는 것이지 특정 문화나 국가의 정체성과 특수성을 배제하고 일정한 정치체제를 옹호하는 것이 아니라는 사실은 명백하다.

글로벌 거버넌스 차원의 인권개선을 위해 중추적인 지위와 역할을 담당해오고 있는 유엔은 2006년 인권이사회(Human Rights Council)가 발족하기 전까지 인권 관련 주요 담당기구로 총회와 경제사회이사회(Economic and Social Council)가 있었다. 그중 경제사회이사회가 인권문제와 관련하여 유엔에서 가장 중요한 기능을 담당했던 조직이었다. 왜냐면 경제사회이사회는 자신의 산하에 유엔 인권 기능의 핵심인 인권위원회(Commission on Human Rights)와 여성위원회라는 두 개의 하부기구를 두고 있었기 때문이었다. 나아가 인권위원회는 자신의 인권적 기능을 보조하기 위한 하부조직으로 인권소위원회를 설치하여 적극적으로 활용했다. 그러나 이러한 유엔의 인권 관련 조직은 2006년 총회의 보조기관으로 인권이사회가 만들어지면서 경제이사회의 인권기능을 전문으로 담당하게 되었고, 아울러 기존 인권소위원회는 폐지되면서 인권이사회 자문위원으로 대체되는 변화를 겪게 된다. 또한 유엔 인권기능을 실무적으로 보조하는 역할은 현재 유엔사무국 소속의 인권최고대표

(Office of High Commissioner for Human Rights)[23]가 담당하고 있으며, 따라서 그 구성원인 인권고등판무관이 유엔의 인권 관련 업무를 총괄하는 최고의 직책으로 기능하고 있다.

유엔은 1948년 세계인권선언을 제정한 이래 이를 바탕으로 1966년에 경제적·사회적·문화적 권리에 관한 국제규약(사회권규약)과 시민적 및 정치적 권리에 관한 국제규약(자유권규약)을 조약화했으며, 1970년대와 1980년대 사이에 더욱 세분화된 인권조약을 제정하여 이에 가입한 회원국들로 하여금 조약 내용을 이행하도록 독려해왔다. 이에 따라 현재 80여 개에 달하는 인권 관련 각종 국제협약 등이 유엔 인권법제의 체제를 구성하고 있다. 특히 2010년 12월 말을 기준으로 아홉 개 조약은 모두 상응하는 인권 감독기구[24]까지 두면서 좀 더 선진화된 체계를 구축하고 있다. 인권에 대한 이러한 변화에 북한은 자신의 인권관을 내세우며 국제적인 흐름을 무시할 수 없었다.

---

23 유엔 인권기능의 사무적 보조는 원래 인권센터(Center for Human Rights)가 담당하면서 유엔 각종 기구의 인권활동을 지원하고, 자유권규약위원회 등 인권조약에 기초한 감독기구의 활동도 지원했다. 그리고 인권센터는 인권과 관련한 각종 자문 및 기술적 협조도 기획하고 인권 관련 NGO들과의 관계도 조정했다. 또한 인권관계 정보를 수집 출판하여 각국에 전파하는 일도 맡았다. 그러나 이 센터는 1997년 9월 이후 인권고등판무관실로 통합되었다. 박찬운, 『인권법』(한울, 2011), 127~128쪽.

24 예컨대 '여성에 대한 모든 형태의 차별철폐에 관한 협약(Convention on the Eimination of All Forms of Diskrimination against Women)'의 감독기구로 '여성차별철폐위원회(Committee on the Eimination of Diskrimination against Women)'를 두고 있다.

(2) 북한의 유엔 인권법제 수용

북한은 현재 4대 국제인권협약 가입국으로 남한보다 10년 앞서 이미 1981년 9월에 시민적 및 정치적 권리에 관한 국제규약(자유권규약) 및 경제적·사회적·문화적 권리에 관한 국제규약(사회권규약)에 가입했다. 북한의 국제규약 가입이 북한 주민에 대한 적극적인 인권 보장에 있다기보다는 오히려 권위주의 정권이 통치하던 당시 남한에 비해 인권선진국이라는 이미지를 부각시키면서 동시에 국제사회의 지원과 협력을 얻으려는 데 초점이 맞추어져 있었을 것으로 판단된다. 이후 북한은 1990년 8월에 아동권리에 관한 협약에 가입했으며, 2001년 2월에는 여성차별철폐협약에도 가입했다. 2013년 7월 3일 장애인협약에 서명을 하고, 동년 12월 6일 장애자보호법을 개정하여 장애인들에게 좀 더 유리한 생활환경과 조건을 마련했다. 다만 북한은 인종차별철폐에 관한 국제협약, 고문 및 그 밖의 잔혹한 비인도적인 또는 굴욕적인 대우나 처벌의 방지에 관한 협약, 모든 이주노동자와 그 가족의 권리보호에 관한 국제협약 등에는 가입하지 않는 상태에 있다.

(3) 유엔의 대북인권에 대한 북한의 수용

북한은 이미 1981년 7월 B규약 및 A규약에 가입했고,[25] 1990년 8월

---

[25] 북한의 유엔 A규약, B규약 가입은 국내 문헌들이 적시한 1981년 9월이 아니라 1981년 7월 30일로 2014년 9월 13일 발표된 『조선인권연구협회 보고서』에서 확인되었다. 이하 북한의 국제인권협약의 가입 일자는 이 보고서에 따른 것임을 밝혀둔다. 조선인권연구협회, 『조선인권연구협회 보고서』, 188쪽.

23일 아동권리에 관한 협약에 서명했고, 2001년 2월 8일에는 여성차별철폐협약에도 가입했다. 또한 북한은 2013년 7월 3일 유엔 장애인권리협약(Convention on the Right of Persons with Disabilities)에 서명했다. 다만 구체적인 법 적용실태 조사에서는 개정 이전에 비해 장애자의 인권보호 차원에서 별다른 개선내용이 없는 것으로 판단되고 있다. 법현실이 법규범에 미치지 못하고 있다는 평가가 제시되고 있다.[26] 다만 구체적인 법 적용실태 조사에서는 개정 이전에 비해 장애자의 인권보호 차원에서 별다른 개선내용이 없는 것으로 판단되고 있다. 법현실이 법규범에 미치지 못하고 있다는 평가가 제시되고 있다.[27]

북한은 이 국제인권협약에 가입함으로써 가입국의 의무인 협약의 이행결과를 담은 국가보고서를 제출하는 등 나름대로 활동을 했다. A규약위원회에 1984년, 1989년, 2002년 세 차례, B규약위원회에 1991년, 2003년 두 차례 국가보고서를 제출했고, 아동권리위원회에는 1998년 1차, 2004년 2차, 2009년 3차와 4차 정기보고서를 제출했다.

(4) 유엔을 비롯한 국제사회의 개입

북한은 2007년 이래 자신이 가입하고 있는 네 개 인권조약에 대해 국가보고서를 제출하고 있지 않다. 유엔총회는 2005년 이후 매년 북한인권결의를 채택해왔다. 초안이 제출되면 인권문제를 담당하는 유엔총회

---

26 황재옥·한명섭·오경섭, 「차별 및 사회적 취약계층의 인권」, 214쪽.
27 같은 글, 214쪽.

제3위원회 논의를 거쳐 본회의에서 최종 채택된다. 이와 별도로, 유엔 인권이사회 차원에서도 2003년 이후 매년 북한인권결의가 채택된 바 있다.

올해 3월 유엔인권이사회는 '김정은 국제법정 회부 위한 안보리의 조치'라는 북한인권조사위의 권고 이행을 촉구하는 북한인권결의를 채택했다. 표결과정에서, 중국과 러시아가 반대표를 던져 유엔 안보리가 이 결의를 수용할 가능성은 사라졌다. 'EU 초안'은 인권이사회 결의를 유엔총회 차원에서 다시 채택하자는 것이다. '김정은 기소' 내용이 포함된 결의안이 총회를 통과한다 해도, 중국과 러시아가 상임이사국으로 있는 안보리에서 이 결의를 수용할 가능성은 거의 없다.

2) 개별국의 역할

북한 핵문제를 세계안보의 불안으로 문제 삼아 비핵화 진전으로 나아가는 과정에서 북한 인권문제가 상당한 걸림돌로 작용할 것이라는 우려 때문에 미국을 비롯한 관련국들의 대북정책의 핵심의제로 다루는 데에 주저할 수밖에 없었다. 그러나 이미 2000년대에 들어 본격적으로 북한 인권문제가 국제적 이슈로 부각되고 있는 시점에 미국과 일본은 북한인권법을 제정하기에 이르렀다. 즉, 북한 인권문제에 신속히 법적 대응을 하지 않으면 안 된다는 인식 아래 미국은 2004년에, 일본은 2006년에 입법적 대응을 통해 북한 인권문제를 해결하여 좀 더 큰 국제적 영향력과 자국의 이익을 추구하려 했다. 여기서는 먼저 미국의 북한인권법 제정 경위와 그 주요 내용을 간략히 살펴보고 입법 이후 나타난 성과는 무엇인지를 알아보고, 다음으로 일본의 북한인권법 제정 또한 어떠한 경위를 거쳐 입법되었는지, 그리고 그 성과와 과제는 무엇인지를 검토해본다.

(1) 미국

북한 인권문제와 관련된 미국의 민간단체들은 북한 주민의 인권을 개선하고 향상시키기 위해 탈북자들을 보호하는 것을 주된 목표로 내세웠지만, 이는 사실상 북한 정권의 교체 내지 체제 붕괴라는 점에 초점이 맞춰져 있다는 비난을 면하기 어려웠다. 그럼에도 미국은 4년의 한시법으로 2004년 '북한인권법(North Korean Human Rights Act)'을 제정했다.[28] 미국의 북한인권법 제정은 북한을 탈출해 타국에 체류 중인 북한 어린이를 보호하기 위해 미 정부가 가족 상봉이나 입양 추진을 권고하는 내용을 담고 있는 '2012 북한아동복지법안(North Korean Child Welfare Act of 2012)'의 제정을 견인했다. 한시법으로 제정된 2004년 북한인권법은 기한을 다해 2008년 다시 연장되었고, 미국 상원 외교위원회는 2012년 6월 19일 '북한인권재승인법안'을 가결했다. 이를 통해 탈북자들의 정착 지원과 북한 주민의 인권에 대한 실질적 증진을 골자로 하는 북한인권법을 2017년까지 5년 연장할 수 있게 되었다. 미국의 북

---

28 전우정, 「북한인권법에 대한 검토: 미국의 2004년 북한인권법(North Korean Human Rights Act of 2004)을 중심으로」(서울중앙지검, 2006), 7쪽.

한인권법은 북한의 인권상황을 기술한 조사결과, 입법목적과 세 개 타이틀(Title)과 15개 조항(SEC)으로 구성되어 있다.

북한인권법의 목적을 북한에서 기본적 인권에 대한 존중과 보호를, 북한 난민의 곤경에 대한 좀 더 지속적인 인도주의적 해결책을, 북한 내의 인도주의적 지원 제공에서 모니터링, 접근성, 투명성을, 북한 내외로의 자유로운 정보의 순환을, 민주적인 정부 체제하의 한반도의 평화적인 통일과정을 증진하는 것에 두고 있다. 주목되는 것은 입법 목적에 쿠바자유민주연대법, 이라크해방법, 이란민주화법 등이 정권교체를 목적으로 하는 것과 달리 북한체제 붕괴나 김정일 정권의 교체에 대한 내용을 담고 있지 않다는 점이다.[29] 그러나 '민주적인 정부 체제하의 한반도의 평화적인 통일과정을 증진하는 것'이라는 SEC. 4(5)조항은 간접적으로 북한 체제의 변화를 내포하고 있다고 할 수 있으나 이는 장기적 차원에서 한반도 상황의 평화적 변경을 인권이란 수단을 매개로 지원한다는 선언적 의미로 보아야 한다고 해석되고 있다.[30] 그러나 북한은 미국에 대해 북한인권법의 실질적인 목적이 북한 체제의 붕괴에 있다고 비판하면서, 북한 인권문제와 관련해서는 '우리식 사회주의'와 북한식 인권관을 강조하고 있다.[31]

미국의 북한인권법은 북한 주민의 인권 증진, 궁핍한 북한 주민에 대

---

29 같은 글, 8~10쪽.
30 제성호, 「미국의 '북한인권법' 제정: 의미 분석 및 정치적 파장」, 《중앙법학》, 제6집 제4호(2004), 95쪽.
31 김수암, 「북한의 '우리식 사회주의'와 인권관」, 『법을 통해 본 북한 인권문제』, 북한법 연구회 2008 북한 인권과 법 심포지엄 자료집(2008.5.22), 5쪽.

한 인도적 지원, 난민과 망명자로서 탈북자 보호 등을 주요 내용으로 담고 있으며, 북한인권 특사의 임명에 관해서도 규정하고 있다.

미국의 북한인권법 제정에 따른 성과로는 우선 북한 인권문제를 글로벌 의제로 부상시켰다는 점이다. 또한 북한의 정치범수용소 폐쇄 또는 해체이다. 최근 북한의 정치범수용소 여섯 곳 중 두 곳이 폐쇄 또는 해체된 것으로 확인되었다고 미국의 NGO인 북한인권위원회(HRNK)가 발간한 보고서를 통해 밝혔다.[32] 미국의 북한인권법 통과 후 또 하나의 성과로는 미국으로 입국한 탈북난민이 159명으로 증가했다는 점이다.[33] 마지막으로 북한을 탈출해 중국 등 국외에 머무는 어린이의 복지와 인권을 촉진하는 내용을 규정하고 있는 미국의 2012년 북한아동복지법(North Korean Child Welfare Act of 2012)이 제정된 것은 2004년 북한인권법 제정에 따른 또 다른 성과라 할 수 있다.

그러나 북한인권법을 4년 더 연장하는 법을 제정했다는 것은 미국의 대북정책이 미국에게 만족할만한 성과를 가져다주지 못했다는 것을 반증하는 것이다. 이는 한시법으로 제정된 2004년 북한인권법에 담은 내용이 실천으로 이어지지 못했음을 시인하는 것이다. 다만 북한이탈주민에 대한 망명 조치에 완화책을 제시한 것은 주목해볼 일이다.[34]

---

32 《연합뉴스》, 2013년 8월 27일 자.
33 미국이 북한인권법을 제정한 2004년 이후 난민으로 수용한 탈북자는 현재까지 모두 159명으로 집계됐다고 미국 《자유아시아방송(RFA)》이 보도했다. 《자유아시아방송(RFA)》, 2013년 7월 12일 자.
34 김동한, 「한·미·일 북한인권법 비교분석」, 《북한학연구》, 제4권 제2호(2008), 40쪽.

(2) 일본

일본은 2006년 6월 23일 '납치문제와 그 밖의 조선민수주의인민공화국 당국의 인권침해 대처에 관한 법률'이라는 긴 명칭의 북한인권법을 제정했다. 일본의 북한인권법은 주로 일본인 납치문제 해결과 북한의 인권개선에 그 초점이 맞춰져 있었다. 즉, 일본이 제기하는 북한 인권문제에서 핵심적 내용은 전반적인 북한 인권실태와 인권문제 개선에 있는 것이 아니라 북한으로 납치된 일본인 피해자에 대한 인권문제이며, 이들에 대한 일본으로의 송환 처리에 대한 해결이 북한인권법의 입법목적일 것이다. 일본인 납치문제에 대한 북한의 공식적인 인정을 계기로 일본사회는 북한 정치범수용소 등 북한 정권의 인권침해 문제까지 포함해 강도 높게 비난해왔으며, 일본 내 거주하는 탈북자들의 체험 수기나 증언을 통해 대북 강경 분위기를 지속적으로 고조시켜 이를 정치적으로 활용해온 그동안의 행태에서 이를 확인할 수 있다. 그래서 일본은 북한 인권문제를 단순히 인권문제로 접근하는 것이 아니라 일본 자국의 국가주권 침해로 확대하여 해석하는 경향을 강하게 보여왔다.

일본의 북한인권법의 주요 내용은 납치문제 및 기타 북한 당국에 의한 인권침해 문제를 해결하기위한 국가 및 지방공공단체의 책무(제2조, 제3조), 12월 10일부터 16일까지의 북한 인권침해 문제 계발 주간 설정(제4조), 국회에 대한 정부의 연차 보고(제5조), 국제적 연계의 강화(제6조), 북한 당국에 의한 인권침해 상황이 개선되지 않을 경우의 조치(제7조) 등이다.

일본의 북한인권법은 긴 명칭에서 북한당국에 의한 일본인 납치문제를 최우선으로 한다는 입법의 본래 의도가 명확하게 나타나고 있다. 비록 북한 당국에 의한 인권침해라는 표현을 쓰고 있지만 일본인 납치에 초점을 맞춘 입법이라는 사실이 분명하게 드러나고 있다. 또한 단지 일곱 개 조항으로 구성된 북한인권법은 선언적이고 여론 계도적인 성격을 강하게 풍기고 있다. 이처럼 일본의 북한인권법은 북한 인권문제에서 자국민 납치문제 해결에 중점을 두고 있다는 한계를 안고 있다. 2002년 9월 북·일정상회담을 통해 북한으로부터 일본인 납북자 문제에 대한 공식 사과를 받고 2006년 5월 아베 신조(安倍晋三) 관방장관이 북한 인권 문제에 대해 국제공조의 필요성을 더 강화할 것을 주장했다. 일본인 납치는 국제테러라는 사실을 자인 받고 납북자 문제를 풀기 위한 대북제재 수단으로 북한인권법을 제정했다는 점이다.

다시 말해 북한의 미사일 발사는 자국에 대한 위협이라며 독자적으로라도 북한인권법을 통해 대북제재를 취하겠다는 점은 당초 입법 목적과 다른 제재 수단으로 활용한다는 비판에서 자유로울 수 없다.[35]

(3) 미국과 일본의 북한인권법 내용 비교

미국도 기본적으로는 국익을 추구하지만, 일본의 시각은 조금 다르다. 말하자면 일본사회는 미국의 시각과 같이 북한 주민의 인권 보장을 먼저 생각한 것은 아닌 것 같다. 그런 의미에서 일본의 북한인권법은 미

---

35 이준규, 「일본 북한인권법 통과의 의미와 전망: 인권 개선용인가? 대북 제재용인가?」, ≪통일한국≫, 제24권 7호(2006), 69쪽.

〈표 4-1〉 미국과 일본의 북한인권법 비교

구분	분류	미국의 북한인권법	일본의 북한인권법
차이점	입법 목적	북한 주민의 기본적 인권존중과 보호 증진, 탈북난민에 대한 인도주의적 해결책 증진, 북한 내 인도주의적 원조제공에 있어 모니터링, 접근성, 투명성, 북한 내외로의 자유로운 정보 순환 증진, 한반도의 평화적인 통일과정 증진(제4조)	북한의 인권상황에 대한 국민적 과제인 납치문제 해결, 북한당국에 의한 인권침해 문제 실태 해명 및 억제 도모(제1조)
	국가의 책무	직접 규정 없음	북한 당국에 의한 국가적 범죄행위인 일본인 납치문제 해결 위해 최대한 노력, 일본 국민을 상대로 북한 당국에 의해 납치된 내용 및 의심되는 사항에 대해 널리 정보 제공, 납치 문제 및 기타 북한 당국에 의한 인권침해 문제에 관해 국민 여론의 계발 도모 및 실태 해명에 노력(제2조)
	대북인도적 지원	NGO 및 국제기구를 통한 대북 간접 지원, 북한 정부에 대한 인도적 지원 및 비인도적 지원(제202조, 제203조)	구체적 규정 없음
	납치문제 해결 노력	관련 규정 없음. 북한 정부에 대한 비인도적 지원과 일본인 납치 정보 공개와의 연계 명시(제202조)	일본인 납치 정보 제공 요청, 철저한 진상조사 및 귀국 실현 협조 요청(제2조, 제3조)
	경제 제재	관련 규정 없음	선박 입출항 금지, 대북 송금 규제
	북한인권 계몽 주간	관련 규정 없음	12월 10일부터 16일까지 1주일간
	예산 조치	북한 인권·민주주의·법치주의·시장경제 증진 프로그램 육성에 4년간 매년 200만 달러 지원, 북한 내 자유로운 정보 전파 촉진 목적으로 매년 200만 달러 지출 승인, 탈북자 및 여성에 대한 인도적 지원 제공에서 매년 2000만 달러 지출	재정상의 배려는 명시하고 있으나, 구체적인 재원 지출 근거 및 규모에 관한 규정은 없음

구분	분류	미국의 북한인권법	일본의 북한인권법
	지역 인권 대화	지역체제(OSCE 등) 설립을 통한 인권 대화 추진(제106조)	관련 규정 없음
	북한 인권 특사	북한 인권 특사 임명 및 북한 인권 개선활동 총괄(제107조)	관련 규정 없음
	기타	지정학적 위치를 고려한 북·미관계 (안보적·경제적 위협은 상대적으로 약함)	지정학적 위치를 고려한 북·일관계 (안보적·경제적 위협도 상대적으로 높음)
공통점	탈북자 (난민) 보호 지원	탈북자 난민캠프 설치 및 지원, 난민 또는 망명 신청 촉진(제301~303조)	탈북자보호 및 지원에 관한 시책 강구(제6조)
	국제협력	투명성 확대, UNHCR과의 협력(제304조)	국제기관과의 정보 교환 및 국제수사 공조, 국제연계 강화 등(제6조)
	연차보고서 발표	사안별로 연차보고서 주체 및 기한 명기(제305조)	일본 정부의 연차보고서 발표(제5조)

국의 법과 공통점보다는 차이점이 많아 보인다. 미국과 일본의 북한인
권법 내용을 비교해보면 〈표 4-1〉[36]과 같다.

4. 남한의 북한인권법

북한의 인권상황 개선을 위하여 정치적으로나 정서적으로 가장 밀접
한 관계에 놓여 있는 당사자로서 남한이 국제사회의 노력에 동참하고

---

36 최은석, 「미국과 일본의 북한인권법 평가 및 성과와 과제」, 통일연구원 북한인권사회연
구센터 엮음, 『유엔 인권메커니즘과 북한인권』(통일연구원, 2013), 410~411쪽.

나아가 이를 선도하는 것은 당연한 일이다. 그러나 이러한 당위적 취지에도 불구하고 북한 인권상황의 개선과 증진을 위한 구체적인 실천 방안으로 남한에서 2005년 이래 북한인권법을 제정하자는 주장이 꾸준히 제기되어왔지만 현재까지 정치권에서 결론에 이르지 못하고 있다. 즉, 2005년 17대 국회에서 북한인권법안 등 두 건을 발의한 지 9년이 넘었다.[37] 그동안 관련 법안이 19건이나 발의됐지만 여야 간의 입장 차이 때문에 17, 18대 때는 임기만료로 모두 폐기됐고 현재 제19대 국회에서는 11개의 법률안이 계류 중이다.[38] 법률안들은 모두 북한 주민에 대한 인권보호와 인도적 지원에 필요한 사항을 규정하여 북한 주민의 기본적 생존권을 확보함으로써 인권의 증진에 기여하는 데 그 목적을 둔다.

1) 북한인권법 제정의 문제점

북한 주민을 대한민국 국민이라고 인정하는 이상 북한 주민의 인권 침해가 심각한 현실에서 남한은 북한 주민의 기본권을 보호할 헌법적

---

[37] 북한 주민의 기본권에 대한 문제제기는 2003년 7월 제16대 국회가 '북한인권개선 촉구 결의안'을 채택하여 북한 당국에 대해 국제적 인권규범을 준수할 것, 북한이탈주민에 대한 강제송환을 중지할 것, 강제수용소를 공개할 것, 납북자와 국군포로 문제를 해결할 것을 촉구하면서 구체화되었고, 2010년 2월에는 제18대 국회의 외교통상통일위원회가 단일안을 마련하여 법제사법위원회에 회부되었으나, 북한인권기록보존소의 설치를 둘러싸고 정부부처 사이에 의견이 대립되어 자동 폐기되고 말았다. 이효원, 「북한주민의 기본권 보장과 북한인권법의 주요 쟁점」, ≪공법연구≫, 제42집 제1호(2013), 290쪽.

[38] 마지막으로 2014년 11월 24일 '북한인권증진법안'(새정치민주연합 심재권 의원 대표발의)과 '북한인권법안'(새누리당 김영우 의원 대표발의) 등 두 건의 관련 법안이 발의되었다.

의무가 있기 때문에 법체계적인 측면에서나 정책적인 측면에서나 북한 인권법 제정의 필요성이 끊임없이 제기되고 있다. 북한에 대한 인도적 지원에 대해서도 남북교류협력에 관한 법률에 따라 사안별로 정책적 판단에 따라 지원하기보다 북한인권법을 제정하여 대북 인도적 지원에 관한 법적 근거를 마련하는 것이 대북정책을 투명하고 안정적으로 수립하고 추진할 수 있는 제도적 장치로서 유용하게 작용할 것이다. 북한 주민에 대한 기본권에 대해서 규범적으로는 남한의 헌법이 적용되므로 별도의 북한인권법을 제정할 필요성이 없다는 주장도 있을 수 있으나, 북한 주민의 기본권이 개선되지 않고 있는 상황에서 남한의 헌법과 법률이 북한 주민에게 실효적으로 적용되지 못하고 있는 상태에 북한인권법의 제정이 필요하다고 평가되고도 있다.[39] 특히 가장 최근 정치권에서는 내용에는 이견이 있지만, 북한인권법 제정 자체가 필요하다고 인정하고 있다. 그러나 각론에선 적잖은 차이가 있었다. 여당은 자유권의 연장선에서 인권을 강조하고, 야당은 생명권에 방점을 두고 인도적 지원에 대한 부분을 강조하고 있다.[40]

북한인권법 제정의 이러한 당위성에도 불구하고 북한인권법이 통과되어 목적한대로 북한 인권개선과 증진을 위하여 긍정적인 효과를 도출할 수 있느냐에 대해서는 상당한 입장 차이가 존재하고 있다. 이러한 입장 차이에 따라 북한인권법 내용에 대한 중요한 쟁점들이 나타날 수밖

---

39 이효원, 「북한주민의 기본권 보장과 북한인권법의 주요 쟁점」, 291~292쪽.
40 "여야 따로 … 9년 만에 외통위 상정된 북한인권법안", ≪중앙일보≫, 2014년 11월 25일 자.

에 없었다.

2) 북한인권법안 내용의 쟁점

(1) 북한인권기록보존소의 설치

법률안 모두 북한 인권에 대한 침해사례를 조사하고 관련 자료를 체계적으로 수집·기록·보존하기 위한 북한인권기록보존소의 설치를 규정하고 있지만, 어떤 기관에 설치할 것인지에 대해서는 차이가 있다. 북한인권기록보존소를 국가인권위원회, 법무부, 통일부 산하 북한인권재단에 설치할 것을 각각의 법률안들은 규정하고 있다. 그 외에도 북한을 자극함으로써 남북관계를 경색시키거나 악화시킬 위험성이 있다는 염려와 함께 북한인권기록보존소의 설치에 소극적인 의견도 있다.

(2) 북한인권재단의 설립

발의된 법률안들에서는 북한인권재단의 설립을 규정하고 있다. 현재 북한 주민에 대한 인권에 대해서는 법무부, 통일부, 외교부, 국가인권위원회가 부분적으로 관여하고 있으나, 북한 인권을 체계적으로 총괄하는 통일된 부서나 조직은 없는 상태이기 때문에 북한 주민의 인권침해 사례에 대한 조사와 연구, 정책입안과 건의, 시민단체에 대한 지원, 홍보와 교육 등을 종합적으로 관리하기 위한 북한인권재단의 설립이 필요하다. 북한인권재단은 북한 주민의 인권문제에 대한 전문성을 강화하여 통일부 소속으로 하여 통일부장관이 관리하고 감독하도록 하고, 법무

부, 외교부, 국가인권위원회 등과는 효율적 업무협조체제를 구축할 필요가 있다는 의견이 있다.[41]

(3) 대북단체에 대한 지원

특히 대북단체 지원 문제에서 이견을 보이고 있다. 여당은 통일부 밑에 북한인권재단을 두어 관련 정보를 수집하고 인도적 대북사업을 지원하도록 했다. 이에 대해 야당은 대북전단 살포 단체를 지원할 수 있는 근거를 마련한 것이라고 반대하고 있다.

3) 북한인권 제정에 대한 문제점

북한인권법의 제정 목적에 따라 북한의 인권상황을 개선하는 긍정적인 효과를 낳을 수 있는 측면도 있지만, 오히려 인권문제에 대한 법적 접근이 갖는 현실적인 한계 때문에 그 부작용과 역기능을 우려하는 입장을 취하는 세력도 만만치 않다. 즉, 남한이 제정하려는 북한인권법은 법률의 궁극적인 집행 효과가 남한이 아닌 북한에 귀속되도록 되어 있다. 다시 말해 국내법으로 제정되어 국제법으로 기능하게 되는 셈이다. 나아가 미국과 일본의 북한인권법과 연계되어 작동할 경우에 북한의 국내 문제에 적극적으로 간섭하게 되거나 주권을 침해하는 결과로 나타날 가능성도 없지 않다. 이러한 상황은 북한의 인권문제를 오히려 악화시

---

41 이효원, 「북한주민의 기본권 보장과 북한인권법의 주요 쟁점」, 293~294쪽.

키고 심지어 동북아 지역에 군사적 긴장감을 초래할 수 있는 역기능으로 작용할 수도 있다. 그러나 북한인권법 제정을 위한 국회, 정부, 시민사회의 논의나 학계의 연구에서 구체적이고 실증적인 접근보다는 정치적인 측면이 강조되고 있는 것이 현실이다. 특히 북한인권법안의 연구에서 북한에서 자행되고 있는 참혹한 인권탄압 사례에 대한 증언을 근거하여 북한인권법 제정의 당위성을 주장하거나 북한 정권에 대한 압박수단으로서 북한인권법을 활용하려는 시도도 없지 않다. 나아가 북한인권의 개선과 증진을 위해 필요한 북한인권법 제정의 논의가 이념논쟁으로 변질되어 북한인권법에 대한 건설적인 의견이니 비판이 북한 인권개선 노력을 거부하는 것으로 인식되는 경우까지 나타나고 있다.[42]

북한의 열악한 인권상황에 대한 책임은 분명 북한정권에 있다. 남한이 북한의 인권문제를 개선하기 위한 다양한 법제도적 방안을 확립하는 역할을 맡는 것은 당연한 일이다. 다만 북한 정권의 북한 주민에 대한 인권 침해에 대해 직접적인 공격이나 공개적인 비난은 일정한 자제가 필요하다. 이는 북한을 감싸려는 것이 아니라 남북관계의 민감하고 복잡한 사안을 조용하고 신중하게 처리하여 남북대결구도를 완화함으로써 궁극적으로 북한 주민의 인권 개선을 추동할 수 있기 때문이다. 동서독의 사례에서 서독은 동독의 인권문제를 공개적으로 비난하며 접근하기보다는 인적교류, 정보교류 등을 통해 쌓인 신뢰와 서독 실상에 대한

---

42 이용중, 「북한인권법의 국제적 성격에 관한 소고」, ≪동북아법연구≫, 제5권 제2호(2011), 4~5쪽.

동독 주민들의 정확한 판단으로 통일을 이루는 지혜를 발휘했다.

5. 결론

북한은 1990년대 말부터 나름대로 북한인권 상황에 대한 국제적 비난을 의식하면서 헌법 개정 등을 통해 인권법제 개혁을 위한 법제적 대응을 해왔다. 체제전환 과정에서 북한 주민의 인권을 확보할 수 있는 최적의 법적 수단은 지배세력의 안전에 대한 불안을 해소하면서 북한 인권법제를 글로벌 거버넌스의 기준에 맞게 점진적으로 개혁을 진행하는 모습이 되어야 할 것이다. 이를 위해서는 글로벌 거버넌스 차원의 역할이 무엇보다 중요하다.

'우리식' 인권의 정당성과 우월성을 주장하는 북한의 인권관은 글로벌 거버넌스 차원의 보편적 인권관과 일정한 괴리를 보이면서, 국제인권법제가 지니고 있는 권고적 성격을 근거로 삼아 국가주권의 중요성을 강조하면서 국제인권규범의 수용을 원칙적으로 거부해왔다. 그러나 최근 국제적 기준에 맞추어 최대한 인권 관련 국내법의 개혁을 도모해 오고 있다. 즉, 북한은 헌법을 비롯한 자유권적 법제, 사회권적 법제 등에서 글로벌 거버넌스 차원에 상응하는 일정한 인권법제 개혁을 지속적으로 진행해왔다. 이는 국내 시장화에 따른 점증하는 인권환경 변화에 대응이자 국제사회로부터 보다 많은 지원과 협력을 받으려는 의도로 보일 수 있지만, 북한 인권법제의 개혁에 대한 글로벌 거버넌스의 지위와 역할이 지니는 무게감을 명백히 확인할 수도 있다.

특히 글로벌 거버넌스 차원의 인권개선을 위해 중추적인 지위와 역할을 담당해오고 있는 유엔의 북한 인권법제 개혁에 대한 역할은 지대했다. 비록 의도는 불투명하지만 1981년에 이미 자유권규약과 사회권규약에 가입했고, 1990년 아동권리에 관한 협약, 2001년 여성차별철폐협약에 가입했다. 2013년 장애인협약에 서명을 하고, 동년 북한장애자보호법을 개정했다. 또한 국제인권협약에 가입함으로써 가입국의 의무인 협약의 이행결과를 담은 국가보고서를 제출하는 등 나름대로 활동을 했다.

그러나 개별 국가인 미국과 일본의 북한인권법제 개혁에 대한 역할은 제한적이었다. 북한 인권문제에 신속히 법적 대응을 하지 않으면 안된다는 인식 아래 미국은 2004년에, 일본은 2006년에 입법적 대응을 통해 북한 인권문제를 해결하여 좀 더 큰 국제적 영향력과 자국의 이익을 추구하려 했다. 미국의 북한인권법 제정은 북한의 강한 반발을 받게 되었지만, 북한 인권문제를 글로벌 의제로 부상시키고 또한 북한의 정치범수용소 폐쇄 또는 해체를 가져오는 성과도 있었다. 일본의 경우 북한인권법 제정은 전반적인 북한 인권실태와 인권문제 개선에 있는 것이 아니라 북한으로 납치된 일본인 피해자에 대한 인권문제에 초점을 두다보니, 그 역할은 한계를 가질 수밖에 없었다.

북한 인권상황의 개선과 증진을 위한 구체적인 실천 방안으로 남한에서 2005년 이래 북한인권법을 제정하자는 주장이 꾸준히 제기되어왔지만 현재까지 정치권에서 결론에 이르지 못하고 있다. 북한인권법

제정의 이러한 당위성에도 불구하고 북한인권법이 통과되어 목적한 대로 북한 인권개선과 증진을 위하여 긍정적인 효과를 도출할 수 있느냐에 대해서는 상당한 입장 차이가 존재하고 있다

따라서 남한이 북한인권상황의 개선을 위한 중요한 법제적 조치로 북한인권법 제정에만 집중하기보다는 남북교류협력의 강화를 통한 북한 인권상황의 개선을 위한 환경을 조성하는 것이 요구된다. 서독이 동독의 인권문제를 공개적으로 비난하며 접근하기보다 인적 교류, 정보교류 등을 통해 쌓인 신뢰와 서독 실상에 대한 동독 주민들의 정확한 판단으로 통일을 이루는 지혜를 발휘한 사례를 참고하는 노력이 필요할 것이다.

참고문헌

1. 국내 문헌

1) 단행본

대한변협인권재단. 2014. 『2014 북한인권백서』. 대한변호사협회.

박찬운. 2011. 『인권법』. 한울.

북한인권연구센터 엮음. 2014. 『2014 유엔 인권이사회 북한인권조사위원회 보고서』. 통일연구원.

2) 논문

김동한. 2008. 「한·미·일 북한인권법 비교분석」. ≪북한학연구≫, 제4권 제2호.

김수암. 2007. 「국제사회의 인권제기에 대한 북한의 인식과 대응」. 『북한인권 관련 국가·국제기구 및 INGO의 동향 분석』. 국가인권위원회.

_____. 2008. 「북한의 '우리식 사회주의'와 인권관」. 『법을 통해 본 북한 인권문제』. 북한법연구회 2008 북한 인권과 법 심포지엄 자료집(2008.5.22).

민경배. 2004. 「중국의 공산당정책(규범)과 국가법의 관계」. ≪공법학연구≫, 제5권 제3호.

_____. 2014a. 「UN의 인권법제에 대한 북한의 시각과 대응」. ≪법학연구≫, 제17집 제1호.

_____. 2014b. 「북한의 시장화에 따른 인권법제의 변화」. 『북한인권정책연구 최종보고회』, 제3권. 통일연구원.

백현진. 1998. 「UN의 인권보호 체제」. 『국제인권법』. 제2호.

이규창. 2013. 「북한 장애인의 권리 신장을 위한 법제도적 과제: 북한의 장애인권리협약 서명을 계기로」. ≪통일문제연구≫, 제25권 2호.

이용중. 2011. 「북한인권법의 국제적 성격에 관한 소고」. ≪동북아법연구≫, 제5권 제2호, 2011.

이준규. 2006. 「일본 북한인권법 통과의 의미와 전망: 인권 개선용인가? 대북 제재용인가?」. ≪통일한국≫, 제24권 7호.

이효원. 2013. 「북한주민의 기본권 보장과 북한인권법의 주요 쟁점」. ≪공법연구≫, 제42집 제1호.

전우정. 2006. 「북한인권법에 대한 검토: 미국의 2004년 북한인권법(North Korean Human Rights Act of 2004)을 중심으로」. 서울중앙지검 해외연수 검사 논문.

제성호. 2004. 「미국의 '북한인권법' 제정: 의미 분석 및 정치적 파장」. ≪중앙법학≫, 제6집 제4호.

최은석. 2013. 「미국과 일본의 북한인권법 평가 및 성과와 과제」. 통일연구원 북한인권사회연구센터 엮음. 『유엔 인권메커니즘과 북한인권』. 통일연구원.

3) 기타

≪연합뉴스≫. 2013.8.27.

≪자유아시아방송(RFA)≫. 2013.7.12.

≪중앙일보≫. 2014.11.25.

2. 북한 문헌

1) 단행본

조선인권연구협회. 2014. 『조선인권연구협회 보고서』. 조선인권연구협회.

2) 논문

김억락. 1997. 「인권의 본질에 대한 주체적 리해」. ≪김일성종합대학학보: 력사법학≫, 제43권 제4호.

리광혁. 2010. 「제국주의자들의 〈인권옹호〉궤변의 반동적 본질」. ≪정치법률연구≫, 13호(루계31호).

한영서. 2010. 「인권보장과 관련한 국제법적제도에 대한 리해」. ≪김일성종합대학학보: 력사법학≫, 제55권 제4호.

제5장

남북한 법제 통합과 글로벌 거버넌스의 활용

김동엽

1. 서론

이 글은 남북한 법제 통합의 과정에서 글로벌 거버넌스가 어떻게 연결되어 있는지에 관한 것이다.[1] 분단 당사국인 남북 간에 통일이라는 정치적 결단을 전제로 그동안의 분단 상황을 극복하고 하나의 공동체로 나아가는 과정에서 법제도 분야의 통합을 실현하기 위한 연구라고 할 수 있다. 그러나 지금까지의 남북한 법제 통합에 관한 연구가 내부적 해결노력과 과제를 중심으로 이루어진 것이라면 이 글은 남북한 법제 통

---

[1] 글로벌 거버넌스에 대한 개념 및 관련된 이론 소개는 마가렛 P. 칸스·카렌 A. 밍스트, 『국제기구의 이해: 글로벌 거버넌스의 정치와 과정』, 김계동 외 옮김(명인문화사, 2007); 정은숙, 『글로벌 거버넌스와 국제안보: 이슈와 행위자』(한울, 2012); Mark Bevir, *Key Concepts in Governance*(London: Sage, 2009) 참조.

합에 있어 대외적 요인인 글로벌 거버넌스의 역할을 설명하고, 적극적인 활용방안을 모색하는 데 목적이 있다.

남북한 통합은 갑작스러운 남북통일에 따른 사후 조치로의 행위뿐만 아니라 점진적으로 진행되는 남북통일의 과정에 대비한 다양한 분야에서 개별적이고 또한 상호 유기적인 통합 준비가 필요하다. 그중 법제도 분야의 통합은 서로 다른 정치체제하에서 상당 기간 분리되어 존속해오던 두 개의 체제를 하나로 통합하는 것으로 단순한 제도적 통합 이상의 복잡한 과정이다. 더욱이 법제 통합은 사후 조치이든 통합의 과정에서이든 법제도 자체의 통합뿐만 아니라 여타 분야의 통합을 가능케 하는 시작점을 제시할 뿐만 아니라 다양한 분야의 통합을 완결 짓는 근거를 제공한다. 큰 틀에서 남북한 통합의 방향성을 설정하고 규정하는 토대이자 여타 통합의 조력 요소로서 남북한 법제 통합이 중요하다.

남북한 통합은 다양한 유형의 통합 형태로 나타날 수 있고 그에 따라 법제 통합의 방향과 진행 과정에 차이가 있을 수 있다. 그러나 갑작스러운 남북통일이든 점진적인 남북통합 과정이든 이행에 따른 전반적인 법제 통합의 주체는 분명 남북한이며 이 역시 스스로의 힘만으로 추진할 수도 있다.

그렇다고 한다면 남북한 법제 통합을 가능케 하는 틀이자 가속화 하는 조력 요인이 필요하다. 남북한 이러한 관점에서 남북한 법제 통합에 있어 글로벌 거버넌스가 어떠한 역할이 가능하며 한계는 무엇인지 평가해보고 활용방안을 모색해보고자 한다.

남북한 통합과정에서 남북공동체 형성과 통일의 진행 과정은 시기적으로 차이가 있다. 이 글은 한반도의 통일 유형을 크게 조기통일과 점진적 통일 두 가지로 구분하고자 한다. 여기서 점진적 통일은 다시 단기형(10년 후), 중기형(20년 후), 장기형(30년 후)로 세분하여 세 가지 세부 유형의 단계적 통일 로드맵으로 구분했다.[2] 이를 바탕으로 우선 남북한 법제 통합의 기본 원칙 및 방향을 모색하고 관련 법적 문제가 무엇인지 살펴볼 것이다. 이는 단순히 내용적으로 법제적 통합만을 이야기하는 것은 아니다. 실제 적용하는 단순 남북한 법조항이나 남북한 헌정질서의 통합에 국한된 것이 아니라 경제통합, 사회통합, 외교안보분야의 통합을 위한 법제도적인 통합을 포괄적으로 고찰해보고자 한다.

이러한 다양한 영역에서의 요구되는 남북한 법제 통합은 남북한 스스로 해결하기 쉽지 않고, 한반도를 둘러싼 세계화된 복잡한 대외환경을 고려할 때 현실적으로 많은 제약 요건을 갖고 있다. 무엇보다 이러한 한계점을 극복하기 위해서는 남북의 노력과 함께 글로벌 거버넌스의 긍정적 개입을 유도하고 남북과 글로벌 거버넌스의 역할을 통합하여 남북한 법제 통합에 승수효과를 만들어내야 한다. 아울러 분단국가 및 통일국가의 법제 통합 사례와 이에 유사한 글로벌 거버넌스의 활용사례를 분석하여 우리에게 주는 교훈과 시사점을 도출하고자 한다.

따라서 이 연구는 남북한 법제 통합에 글로벌 거버넌스의 활용이 우리 주도의 법제 통합을 긍정적인 방향으로 가속화시켜줄 수 있는 방안

---

2 점진적 통일유형을 단기형(10년 후), 중기형(20년 후), 장기형(30년 후) 세 가지로 세분하여 공동체 형성을 제시한 것은 통일연구원, 「공동체 형성을 통한 통일실현 구상」, 통일부 정책연구용역과제 최종보고서(2011)를 참조.

과 시사점을 도출해나갈 것이다. 기존 통일대비 법제도 분야 연구에 글로벌 거버넌스 활용을 통해 향후 남북 법제 통합에 대비한 단계별 정책적 과제와 방향을 제시하고자 한다.

2. 남북한 법제 통합의 기본 원칙

1) 법제 통합 사례와 시사점

법제 통합의 기본 원칙은 일반적으로 통합헌법의 기본 원칙이라고 할 수 있다. 한 국가의 헌법이 가지는 기본 원칙은 모든 법령의 입법 방향을 제시하고 해석의 기준이라고 할 수 있다. 남북한 법제 통합의 기본 원칙과 방향을 설정하기 위해서는 독일과 예멘의 통일에 따른 법제 통합과 함께 체제전환국의 변환 사례에 대해서도 함께 분석해볼 필요가 있다. 남북한 통합은 단순히 분단된 서로 다른 체제를 하나로 합치는 문제가 아니며 북한에는 체제전환이라는 문제와 함께 다루어져야 할 필요가 있다. 그리고 통합을 통한 변화의 방향이 일방이 아니라 쌍방의 행위라는 점에서 법제 통합을 통해 수용해야 하는 것은 북한만의 일이 아니기 때문이다.

독일 통일의 경우 구서독법 제23조에 의해 구동독의 서독으로 편입이라는 흡수통일방식으로 이루어짐으로써, 동서독 간 법제 통합은 통일조약에 따라 개정된 서독기본법이 통일헌법으로 발전했다. 예외적으로 일부 동독 법령이 통일 이후에도 동독 지역에 한시적으로 적용되거나 독일 전체에 확장 적용되기도 했으나 연방 법령이 원칙적으로 동독 지역에 적용되었다. 독일의 통일헌법은 자유민주적 기본 질서에 입각한 민주주의를 토대로 사회적 법치국가와 시장경제주의, 사회복지주의를 원칙으로 하고 있다. 이에 따라 독일연방으로 동독이 편입하기 위해서는 구동독이 서독의 체제를 수용해야 하는 것으로 이는 동독이 서독체제를 수용하는 헌법개혁을 이룸으로써 가능하게 되었다.[3]

남북 예멘의 경우에는 통일을 달성한 이후 30개월의 과도기를 설정하여 급격한 변화에서 오는 혼란을 방지했다. 예멘이 통일을 이루기까지는 민족의 동질성과 언어, 풍습 등의 단일성이 중요했으나 이후에는 통일헌법의 제정이라는 규범적인 방법을 통해 최종 통일을 이루는 노력을 했다. 남북 예멘은 통일헌법의 기본 원리에 합의하면서 양국의 지존 이념과 체제를 주장하기보다 민족적·종교적·역사적 공통점에 입각했다. 마르크스-레닌주의 요소와 사회주의경제제도를 배제하면서도 민주적·민족적 공화체제로의 통치체제를 명시하지 않는 대신 독립주권국가이며 단일 국가라는 점을 분명히 하고 공공부문과 사유권 보호를 함께한 혼합경제체제를 지향했다.

분단국과 달리 체제전환국의 경우에는 자신들의 변화 방향과 내용을 헌법의 새로운 제정이나 개정방식을 통해 기본 원칙을 수용했다. 1991

---

3 동독은 1989년 12월 1일 헌법 개정을 통해 1974년 헌법 제1조에서 규정한 '마르크스-레닌주의'의 국가이념을 삭제했다. 윤대규·한명섭·최은석, 『남북한 법제통합에 관한 연구』(경남대 극동문제연구소, 2011), 13쪽.

년 이래 거의 모든 유럽의 사회주의국가들은 헌법을 제정 또는 개정하여 새로운 법질서를 구축하기 위한 원칙을 제시했다. 체제전환국 법제 변화의 기본 원칙은 표현과 내용에 다소 차이가 있겠지만 과거 사회주의 법이론을 탈피하여 법치국가, 의회민주주의, 복수정당제, 시장경제와 사유제 등 자유민주주의체제에서 보편적으로 인정되는 것과 동일하다. 그러나 유럽의 사례와는 달리 중국과 베트남의 경우에는 개혁과 개혁의 과정에 따라 점진적으로 법제의 원칙을 새롭게 정립하거나 변화를 모색해왔다. 체제 변화 유형에 따라 헌법상의 기본 원칙이 상이하게 나타날 수도 있다는 점은 남북한 법제 통합에 시사하는 바가 크다. 즉, 북한의 체제전환 경로와 통일의 유형에 따라 남북한 간 법제 통합의 방식에 차이가 있을 수 있다는 점과 함께 북핵을 비롯한 다양한 북한 문제로 인해 이해관계를 형성하고 있는 주변 국가를 비롯한 국제사회의 협력체제가 중요하다. 특히 통일에 대한 규범적 논의의 구체적 접근을 위해서는 분단국가 간의 제도적 조치가 중요하고 이를 지속할 수 있는 법제 통제력을 확보하는 것이 중요하다는 점에서 국제사회에 지원과 동의를 얻기 위한 노력의 제도화 차원에서 글로벌 거버넌스의 역할과 활용에 대한 시사점을 찾을 수 있다.

2) 남북한 법제 통합의 기본 원칙과 방향

남북한 법제 통합의 기본 원칙은 통일한국의 기념이념과 질서를 결정한 후에 이에 부합하도록 결정되어야 한다. 통일한국이 추구하는 가치와 이념 및 기본 질서는 결국 통일 후 만들어질 통일국가의 헌법의 이념과 기본 원리를 어떻게 할 것인가의 문제이다. 그러나 현재의 남북한 상황과 앞 사례에서 살펴본 시사점을 고려할 때 통일한국의 헌법이 지향하는 기본 원리도 현대 남한의 헌법이 지향하는 바와 크게 다르지 않다.

조기통일이든 점진적 통일이든 우리 헌법에서 천명하고 있는 '자유민주적 기본 질서'가 담보되기 위해서는 우리 주도에 의한 통일이 되어야 한다. 그러한 방향에서 법제 통합도 추진되어야 한다는 원칙을 분명히 하고 발생 가능한 남북의 통합과정별 남북한 법제 통합의 유형을 구분하고 기본 원칙과 방향을 설정할 필요가 있다. 남북한 법제 통합에서 우리 헌법의 가장 중요한 기본 원칙인 자유민주의 원칙과 함께 자본주의 시장경제의 원칙은 반드시 지켜져야 한다. 여기에 통합과정에서의 신속성과 유연성의 원칙이 필요하며, 전혀 다른 체제가 하나로 결합하다는 점에서 상호 신뢰보호의 원칙도 중요하다. 여기에 남북한 법제 통합을 단순히 남한법의 북한지역의 확대로만으로 보아서는 한계가 있다는 점에서 미래지향적인 법제 통합의 원칙을 가져야 한다.

이를 위해 통일 유형을 크게 북한의 갑작스러운 사태 발생으로 인한 조기통일과 공동체 형성과정을 통한 점진적 통일로 구분하고자 한다. 점진적 통일은 다시 공동체 형성의 시기와 수준에 따라 단기, 중기, 장기로 세분화했다. 기계적인 통일 유형 구분이 논의 자체에 경직성을 줄 수 있다는 점에서 점진적 통일방안을 세분화했다. 최근 새롭고 다양한 통일방안이 제시되고 있다. 그러나 이러한 통일방안은 우리 정부의 공식적인 통일방안으로 볼 수 없고 국민적인 합의도 없었으며 여전히 구체적인 내용이 부족하다는 점에서 검토 대상에서 제외한다.[4]

(1) 조기통일 시 남북한 법제 통합의 기본 방향

조기통일 시 법제 통합은 독일 통일 사례와 중국-홍콩의 경우를 준용할 필요가 있다.[5] 독일은 통일 후 원칙적으로는 서독 연방 법령이 동독 지역에 확장 적용되었지만 예외적으로 일부 동독 법령은 통일 이후에도 동독 지역에 한시적으로 적용되거나 전체 독일 지역에 확장 적용되었다. 독일 사례를 볼 때 원칙적으로 남한법이 북한까지 확장 적용되지만 일부 북한법을 한시적으로 적용할 필요가 있다.[6] 여기서 명확하게 하고 넘어가야 할 것이 조기통일에 따른 법제 통합의 준비와 기본 절차의 문제이다. 통일과 함께 남한법의 확장 적용과 일부 북한법의 한시적 적용을 위해서는 이 점을 분명히 확인해야 한다. 즉, 통일합의서에 이러한 내용을 명시하고 필요한 법적인 절차를 거쳐 법적인 효력을 가짐을 분

---

4 새롭게 제시되고 있는 통일방안으로는 서울대 통일평화연구소의 연성복합통일론, 사단법인 북한민주화네트워크의 평화민주통일방안, 평화재단의 화해상생통일론, 한반도 선진화재단의 선진화통일론·선진화통일방안 등이 있다. 박명규 외, 『연성복합통일론』(서울대 통일평화연구소, 2010); 사단법인 북한민주화네트워크, 「한반도 통일방안에 대한 연구」, 국회 정보위원회 용역보고서(2008.1); 평화재단, 「민족의 화해와 상생을 위한 통일구상: 화해상생통일론」, 『평화재단 5주년 기념식 및 기념 심포지엄 자료집』(2009); 한반도선진화재단, 「이제는 통일이다」, 『한반도선진화재단 선진화통일정책 세미나 자료집』(2009.11.5).

5 조기통일의 경우 사례를 적용한 법제 통합 기본 방향과 법적과제에 대한 기존 연구는 이규창, 「남북법제통합의 기본원칙 및 방향과 과제」, ≪저스티스≫, 통권 제122호(2011), 70~78쪽 참조.

6 박수혁, 「통일한국의 법률통합」, ≪법조≫, 통권 제530호(2000.11), 71쪽.

명히 해야 한다는 것이다. 조기통일이라는 급박한 상황에서 성급한 법제 통합의 추진은 돌이킬 수 없는 문제를 야기할 수 있다. 이러한 법적 문제 발생을 막고 혹시 발생한다고 하더라도 원만하게 해결하기 위해서는 이에 대한 다양한 분야에서의 법제 통합을 위한 사전 준비와 검토 보완이 지속적으로 이루어져야 한다.

그러나 모든 영역에서 양적·지리적 개념으로 천편일률적인 남한법의 확장적용과 북한법의 한시 적용이 이루어져서는 안 될 것이다. 적용 분야별로 남북한 법의 적용이 국가의 정체성과 함께 철저히 국가이익과 미래의 관점에서 유연하게 이루어져야 할 것이다.[7] 특히 통일시기 중국·러시아와 국경을 접하게 될 대외환경을 고려할 때에도 유리한 북한이 가진 다양한 장점을 흡수하고 긍정적으로 평가할 수 있는 북한 법령 또는 그 일부 규정은 통일한국에 수용을 적극 검토해볼 필요가 있다.

조기통일의 경우 급격한 통일에 따르는 사회혼란과 남북한 간 다양한 영역에서의 격차, 경제적 부담 등을 고려한다면 일정 기간 북한의 체제를 존속시키는 중국-홍콩식[8] 또는 중국-마카오식[9]의 일국양제 모델도

---

7 북한 법령의 존폐 여부를 결정할 때의 판단 기준은 ① 우리 헌법의 기본 원리, ② 법치국가의 원리, ③ 북한의 정치이념 배제, ④ 시장경제질서이다. 이규창, 「남북법제통합의 기본원칙 및 방향과 과제」, 72쪽.

8 영국과 중국은 1984년 12월 19일 베이징에서 '홍콩문제에 관한 영국 정부와 중국 정부의 공동선언'을 체결, 공동성명에 따라 '홍콩특별행정구기본법'을 1990년 4월 4일 제정·공포하고, 1997년 7월 1일부터 시행하고 있다.

9 포르투갈과 중국은 1987년 4월 13일 베이징에서 '마카오 문제에 관한 중국과 포르투갈의 공동성명'을 체결했으며, 공동성명에 따라 '마카오특별행정구기본법'을 1993년 3월 31일 제정·공포하고, 1999년 12월 20일부터 시행하고 있다.

고려해볼 수 있다. 이 경우에도 장기적인 측면에서 보면 법률통합의 기본 원칙은 독일식 통합의 경우와 크게 차이가 나지 않는다. 단지 일정 기간 북한 지역의 자치를 인정해야 한다는 점에서 법제 통합 역시 북한 지역을 특별구역으로 관리하기 위한 한시적인 법제도적 장치들을 마련해야 한다는 차이점이 있다.[10] 앞서 언급한 독일식 조기통일 시 법제 통합 방식에서 북한법의 한시적 적용과는 차이점이 있고, 이에 따라 법제 통합의 기본 절차와 발생할 문제에서도 차이가 있다는 점을 이해할 필요가 있다. 독일식에서의 북한법의 한시적 적용은 급격한 통합에 따른 충격을 최소화시키는 것이 우선 목적으로 기존 법을 일정 기간 유지하는 것이다. 반면 일국양제 모델에서는 기존 법령을 그대로 유지하기도 하겠지만 안정 유지와 함께 향후 진행될 법제 통합의 모멘텀을 만들기 위해 절충적인 특별법을 만들어 유지하는 것이다. 그리고 특별법을 운영 유지하며 특별관리지역인 북한 지역을 관리할 기구를 운영하는 것도 법적으로 보장되어야 할 것이다.

조기통일 시나리오에 의해서는 북한의 급변사태 가능성을 완전히 배제할 수 없기 때문에 이에 대비하기 위한 법제 통합을 준비할 필요가 있다. 북한의 갑작스러운 붕괴로 인한 남북통일의 국내법적 그리고 국제법적 정당성 마련이 우선적으로 이루어져야 하겠지만 조기통일에 대비한 법제 통합의 궁극적인 목적은 무엇보다 조기통일에 따른 정치적, 군

---

10 홍콩의 존속기간은 50년이지만 통일의 의미가 퇴색되지 않기 위해서는 그 기간은 가능한 짧게 운영되어야 한다. 이규창, 「남북법제통합의 기본원칙 및 방향과 과제」, 78쪽.

사·안보적, 경제적, 사회문화적인 충격을 완화시킬 법적 안전장치의 마련이다. 그리고 나아가 미래지향적인 민족공동체와 완전한 통일을 이루는 법적 토대를 확보해나가야 할 것이다.

(2) 점진적 통일 시 남북한 법제 통합의 기본 방향

점진적 통일의 경우 우리 주도에 의한 통일이 되기 위해서는 우리 헌법의 핵심 가치가 통일 이후에도 유지되어야 하며, 통일헌법을 제정하는 경우 통일한국의 미래상을 통일헌법의 제정이 뒷받침해야 한다. 즉, 점진적 통일의 경우에도 앞서 언급한 조기통일 시 법률통합의 기본 원칙은 그대로 수용한다. 단지 절차상의 단계를 세분화하고 좀 더 정교화하여 완성도를 높여나가야 한다는 점을 염두에 둬야 한다.

법제 통합의 기본 절차는 현재 우리의 공식적 통일방안인 민족공동체 통일방안에 따라 화해·협력단계, 남북연합단계, 통일국가단계로 구분한다. 각각의 단계에서 법제 통합을 하기 위한 법적인 과제들이 제시되고 해결해나가야 할 것이다. 차츰 남북연합이 성숙되면 남북연합단계 말기에 통일시기, 통일 과도 조치 등에 대해서 남북한이 협의하고 이러한 문제들에 대해서 남북한 대표들이 최종적으로 통일합의서 또는 통일조약을 채택하게 된다.[11]

---

11 통일국가로의 이행절차와 과도기를 둘 경우 과도 조치 등을 통일합의서에서 규정한다. 통일국가의 권력구조, 통일시기와 통일절차에 대한 합의가 이루어지면 통일헌법에 대한 논의가 진행되어야 한다. 통일헌법에는 통일국가의 권력구조, 정치제도, 경제체제의 통합, 대외관계 등이 포함되어야 한다. 통일헌법이 확정되면 통일헌법에 따라서 남북총선거를 실시하여 통일정부와 통일국회를 구성함으로써 남북한은 통일국가를 출범시킨

점진적 통일의 경우 법제 통합은 다음과 같은 점을 대전제로 삼아야 한다. 법제 통합의 궁극적인 목적은 남북통일의 국내 및 국제적인 적법성을 확보하고, 민족공동체 통일방안의 단계별 통일의 정당성을 확보하며, 분단 이후 정치, 군사·안보, 경제, 사회·문화적 측면에서 발생한 이질화를 극복하고 통일의 충격을 완화하여 민족동질성을 회복하고, 번영과 화합의 미래지향적인 통일 민족공동체를 건설하기 위한 법적 토대를 확보하는 데 있다. 여기에 남북통일이 국내와 주변 국가들을 비롯한 국제사회에서 정당성을 인정받을 수 있도록 통일법제는 치밀한 법리를 갖추도록 하는 것을 기본 전략으로 삼고 추진되어야 한다. 이 점이 국제적인 협력과 글로벌 거버넌스가 필요한 중요한 이유이다.

이와 같은 대전제하에서 남북한 법제 통합은 통일한국의 미래상을 법제도적으로 지원하는 것이 되어야 한다. 우리가 지향하는 통일한국은 자유민주주의체제와 시장경제질서에 바탕을 두고 민족구성원 모두의 자유와 인권 그리고 행복이 보장되는 복지국가, 구성원 모두가 함께 어울려 새로운 미래를 꿈꿀 수 있는 다문화포용국가, 경제뿐만 아니라 정치·사회·문화 등 각 분야에서 전 세계를 선도할 수 있는 선진일류국가가 되어야 한다. 첫째, 정치적인 면에서는 자유민주주의의를 근간으로 하되, 형식적 민주주의 한계를 극복하고 실질적 평등과 복지의 실현을 도모해야 한다. 둘째, 경제적인 면에서는 시장경제질서를 근간으로 하여 사회주의 경제체제의 장점을 일부 가미하는 일종의 혼합경제체제

다. 이후 통일헌법의 원리에 따라 법제 통합을 실시한다. 같은 글, 85쪽.

를 취해야 한다. 셋째, 사회·문화적인 면에서는 통일국가가 남북한의 이질적 체제의 결합임을 고려하여 다원주의를 기반으로 하는 다양성이 보장되어야 한다. 넷째, 국제적 기본 질서는 국제평화주의와 국제협력주의를 확립하고, 국제법 존중주의에 입각하여 다른 국가와 우호협력관계를 정립해야 한다.

3. 남북한 법제 통합 과제와 글로벌 거버넌스

1) 남북한 법제 통합 과제와 글로벌 거버넌스의 역할

법제 통합을 단순히 남북한 통일의 결과물로 보고 통일국가단계에서 실시되는 것으로 보는 것은 큰 오류이다. 조기통일의 경우 급작스런 통일이나 일국양제로 인해 이를 뒷받침할 법제 통합이 신속하게 이루어진다고 하더라도 점진적인 통일에서는 법제 통합 역시 결과가 아닌 과정으로 이해되고 진행되어야 한다는 점이 가장 큰 차이점이다. 따라서 어떠한 속도와 방향으로 통일로 이르는 남북공동체 과정이 진행되는가에 따라 법제 통합의 세부적인 내용도 차이를 가질 수밖에 없다.

조기통일의 가능성을 완전히 배제할 수는 없으나 조기통일의 경우 법제 통합이 결과적으로 후속 조치의 성격을 띨 수밖에 없다. 반면 점진적 통일의 경우 법제 통합은 해결해나가야 할 과제적 성격이라는 점에서 그 내용적으로 조기통일의 법제 통합을 포괄하고 있다. 점진적인 법제 통합이 단순히 법조항을 하나로 합치는 작업이 아니라 공동체 형성을 통해 통일을 달성해가는 과정 속에 다양한 분야의 통합을 법적으로 지원하고 규정하는 차원에서의 통합으로 이해할 필요가 있다. 따라서 여기서는 점진적인 통일을 중심으로 평화, 경제, 민족 공동체 형성이라는 관점에서 법제 통합의 과제를 살펴보고 글로벌 거버넌스의 역할을 고찰해볼 것이다.

우선 평화공동체 형성을 위한 법제 통합 과제는 남북기본합의서 준수 재천명 및 신합의서 체결, 헌법 제3조 영토조항과 국가보안법과 같은 냉전법령의 개정 또는 폐지 추진, 평화협정 체결 등을 들 수 있다. 특히 평화협정의 경우 미·중·일·러 등 주변 국가들의 협력 속에 추진해야 한다는 점[12]에서 글로벌 거버넌스의 개입이 불가피하다. 그 외에도 현 정부가 적극 추진하고 있는 DMZ 평화공원 사업과 같이 비무장지대의 평화적 이용과 남북공유하천 평화적 이용[13]을 위한 법제 통합 역시 글로벌 거버넌스 활용과 연계하여 검토되어야 할 것이다.

경제공동체 형성을 위한 법제 통합 과제는 무엇보다 우선적으로 경

---

12 평화협정을 체결할 때 당사자 문제, 방식 문제 등이 제기되고 있으므로 이를 우리 내부적으로 정리하고 관련국과 긴밀하게 협의해야 한다.

13 유엔총회는 뉴욕에서 1997년 5월 21일 국제수로의 비항행적 이용의 법에 관한 협약(Convention on the Law of Non-Navigational Uses of International Watercourses, 일명 '뉴욕협약')을 채택했지만, 2010년 6월 24일 현재 뉴욕협약은 발효하지 않고 있을 뿐만 아니라 남북한 모두 뉴욕협약의 당사국이 아니다. 또한 국제법협회(ILA: International Law Association)는 1966년 국제하천수사용에 관한 헬싱키규칙(Helsinki Rules on the Uses of the Waters of International Rivers)을 채택했으나 이 규칙은 민간단체에서 채택된 것으로 엄밀한 의미에서 법적 구속력을 갖지 않는다.

제교류협력 심화를 위한 법제가 마련되어야 한다는 점이다. 이를 위해서는 남측 기업[14]뿐 아니라 외국 투자 유치를 위해 북한의 투자환경을 개선하고 북한의 국제금융기구 가입을 지원할 수 있도록 글로벌 거버넌스와의 적극적인 연계가 필요하다. 또한 남북경제교류협력을 심화·발전시키고 경제공동체를 형성하기 위해서 남북경제협력협정(KECCA: Korean Economic Community Cooperation Agreement)의 체결을 추진할 필요가 있다.[15] 결국 남북통일로 남북 모두가 상생공영하기 위해서는 북한의 변화 유도가 필수적이란 점에서 체제전환 국가들의 전환 사례 및 국제기구의 지원 사례를 참조하여 북한의 체제전환을 지원하고 선진국가의 법률기구 등에서 지원하는 방향으로 글로벌 거버넌스를 활용한 법제 통합 방안을 강구해나가야 할 것이다.

민족공동체 형성을 위한 법제 통합 과제는 과거청산 및 사회통합 법제와 사회문화교류협력을 활성화할 수 있는 법제, 민족동질성 회복을 위한 법제 정비의 준비가 수행되어야 한다. 무엇보다 실질적인 것은 남북 주민 간의 분쟁해결을 위한 법적인 방안을 강구해야 한다. 남북교류협력이 심화될 경우 이혼, 중혼 등의 가족관계와 상속문제, 북한 지역 내의 몰수토지 처리 문제 등 남북 주민 간의 분쟁이 상당수 발생할 것으

---

14 현재 남북 사이에 시행 중인 남북 사이의 투자보장에 관한 합의서(2000년 12월 16일 체결)를 보완하는 경우 개념들을 좀 더 구체화하고 투자자산의 회수방안과 투자분쟁에 대한 해결 절차를 실효적으로 정비할 필요가 있다.

15 남북한과 유사한 관계를 보이고 있는 홍콩과 중국이 체결한 경제협력강화약정(CEPA: Closer Economic Partnership Arrangement) 및 중국-대만 간의 경제협력기본협정(ECFA: Economic Cooperation Framework Agreement)을 모델로 활용할 수 있다.

로 전망되기 때문이다.

남북 공동체 형성을 통한 점진적 통일은 단기형, 중기형, 장기형 세 유형으로 10년 후, 20년 후, 30년 후 통일을 가정한다. 단기형(10년 후) 은 공동체 형성이 불충분한 상태에서의 통일로 여전히 제도적 통일이 기능적 통합보다 우선되는 상황이다. 중기형(20년 후)은 공동체 형성이 어느 정도 이루어진 상태로 제도적 통일과 기능적 통합이 균형을 이룬 형태이다. 마지막으로 장기형(30년 후)은 공동체 형성이 충분히 이루어 진 상태에서의 통일로 기능적 통합이 제도적 통일보다 우선된다.

먼저 단기형 통일은 공동체 형성이 불충분한 상황에서 통일이 이루 어졌으므로, 통일 후 법제 통합 과정에서 상대적으로 해야 할 과제가 많 을 수밖에 없다. 비핵화와 평화협정체결은 주변국과의 협력 속에서 완 료되었을 것이나 군사적으로 신뢰 구축과 운용적 군비통제는 시작되지 만 불완전하게 이행되고 있는 상황일 것이다. 또한 경제적으로나 사회 적으로 북한의 개혁개방과 변화, 남북협력은 시작되었으나 진전이 불충 분하고, 오랜 기간 분단으로 인한 상처 치유와 민족의 동질성 회복, 국 가정체성 확립은 통합 후 비로소 추진되어야 하는 상황이다. 법제 통합 역시 이러한 과제를 하나하나 포함하여 지원하고 해결하는 방향으로 추 진되어야 하며 글로벌 거버넌스의 역할이 커질 수밖에 없다.

중기형은 공동체 형성이 어느 정도 진전된 후 통일이 이루어졌으므 로 통일 이후 통합과제는 단기형에 비해서는 적으나, 여전히 상당히 남 아 있는 상황이다. 군비통제적 측면에서 운용적 군비통제는 완료하고, 구조적 군비통제를 부분적으로 추진하는 단계라 할 수 있다. 북한의 개

〈표 5-1〉 통일의 세 유형

통일유형	단기형(10년)	중기형(20년)	장기형(30년)
진행 과정	전반기(5년) → 후반기 (10년)	전반기(10년) → 후반기 (20년)	초반기(10년) → 중반기 (20년) → 후반기(30년)
통합형태	- 제도적 통일이 기능적 통합보다 앞선 형태 (불안정한 통일)	- 기능적 통합과 제도적 통일의 균형형태 (안정적 통일)	- 기능적 통합이 제도적 통일보다 앞선 형태 (안정적 통일)
공동체 진행 정도와 법제 통합 과제	- 통일시점까지 3대공동체 부분적 진행 - 통일 이후 좀 더 많은 법제 통합 과제 수행	- 통일시점까지 3대공동체 어느 정도 진행 - 통일 이전과 이후 지속 법제 통합 과제 수행	- 통일시점까지 3대공동체 상당한 진행 - 통일 이전보다 많은 법제 통합 과제 수행

혁개방과 남북협력은 단기형보다는 많은 진전을 이루지만, 부족한 부분이 있어 추가 보완이 필요한 상황이다. 분단 상처의 치유나 민족동질성 회복과 통일국가의 정체성 확립은 진행되고 있다. 이러한 상황에서 글로벌거버넌스의 개입과 역할은 단기형과 비교해 감소할 것이지만 이러한 상황까지 이르는 과정을 통해 글로벌 거버넌스의 참여와 활용은 오히려 증가할 가능성이 높다.

장기형은 공동체 형성이 충분히 이루어진 상태에서 통일이 이루어졌으므로, 통일 후 통합과정에서 해야 할 과제가 상대적으로 적은 유형이다. 반대로 오랜 통합과정을 통해 이 평화, 경제, 민족 공동체 형성과정이 원활하게 진행될 수 있도록 정교한 법제 통합이 진행되어야 한다. 장기형의 진행 과정을 통해 글로벌 거버넌스의 참여와 활용은 지속적으로 이루어지겠지만 장기간 개입과 관여에 대한 문제점을 인식하고 분야별로 실질적인 필요성을 고려하여 참여를 유도해야 할 것이다.

2) 남북한 법제 통합을 위한 글로벌 거버넌스 활용 방안

글로벌 거버넌스는 국내법상의 국가와 같이 특별한 강제권력을 가진 해결자가 없는, 한 국가 혹은 지역을 넘어서서 여러 국가들과 지역들에 영향을 미치는 문제들을 해결하는 것을 목적으로 하는 초국가적 주체들의 정치적인 상호작용이다.[16] 그러나 글로벌 거버넌스 개념은 단순히 국제적 기관의 역할만을 인정하는 것이 아니다. 그와는 별도로 개인의 역할과 마찬가지로 사적 혹은 복합적 성격을 가진 행위자와 수단의 의미를 포함하고 강조한다. 즉, 법제 통합에서 거버넌스는 단지 고권적인 행위주체에게만 해당되는 개념은 아니라는 점을 이해할 필요가 있다. 또한 글로벌 거버넌스라는 개념은 국가적 공권력의 행사뿐만 국제적인 초국가적 공권력의 행사까지 포함하는 혼합적 성격의 개념으로 볼 수 있다.

남북한 법제 통합은 다양한 영역의 통합 토대이자 이를 보장하는 근거가 된다는 점에서 중요하다. 이러한 남북한 법제 통합에서 토대를 제공하고 향후 근거가 될 수 있다는 점에서 글로벌 거버넌스의 관여가 의미를 가진다. 그러나 좀 더 강력한 구속력이나 실행력, 혹은 공권력이 가지는 제한과 통제라는 공법의 목적이 글로벌 거버넌스의 개념에 적용되는 것에는 더욱 면밀한 검토가 필요하다. 글로벌 거버넌스는 행위자에 대해서는 예방적·방어적 개념이고, 구조와 절차에 대해서는 유도적

---

16 박진완, 「글로벌 거버넌스와 국제공법」, ≪법학논고≫, 제41집(2013.2), 354~355쪽.

개념이 강하다. 글로벌 거버넌스 개념에 대한 법제도적인 연구과 적용에 있어 긍정적 측면과 부정적 측면에 대한 분석이 요구된다. 특히 글로벌 거버넌스가 가지는 이러한 제약조건으로 인해 남북한 법제 통합 공동체 형성에서 글로벌 거버넌스의 관여가 얼마나 가능하며 적실성이 있는 지를 먼저 심도 있게 살펴보아야 한다. 즉, 글로벌 거버넌스의 관여에 대한 정당성(legitimacy)과 효과성(effectiveness)이라는 부분에서 검토해볼 필요가 있다.

법제 통합과 관련하여 통일의 형태가 조기통일이든 점진적·단계적 통일이든 공통적으로 발생할 수 있는 많은 법적인 문제들이 있다. 이에 대한 면밀한 법적 검토와 대비책이 사전에 강구되어야 한다. 남북한 간 법제도의 차이에서 나타나는 문제점뿐만 아니라 다양한 국내법적 영역인 민사법, 형사법과 국제법적인 측면에서 발생할 수 있다. 특히 국제법적으로 과거 북한이 여러 국가들과 약속 이행문제, 북한의 부채, 북한이 가입한 국제기구와 체결한 국제조약 등 여러 분야의 승계 문제가 중요한 문제로 제기될 것이다. 이러한 국제적인 문제에서는 글로벌 거버넌스의 적극적인 활용을 통해 이에 필요한 제반 법률적 검토 및 조치도 사전에 강구되어야 한다. 특히 국제적(international)이라는 것과 구별되는 글로벌(globale)이라는 표현은 현대 거버넌스 행위들의 다면적인 특성이 강조된다. 이것은 국제적·초국가적 공권력과 국가적 공권력의 구분이 모호함을 의미한다. 따라서 글로벌 거버넌스는 국가지향적 질서와 함께 국제법적인 의미가 조화를 이룬다는 점에서 남북한 법제 통합에 활용가치가 높다.

그러나 남북관계에 대한 글로벌 거버넌스의 관여는 일반적으로 나타나는 국제사회의 양상과 조금 다르게 나타난다. 또한 글로벌 거버넌스가 통일에 미치는 영향과 인식은 거버넌스의 형태와 관여 정도에 따라 다르게 이해된다. 과거 독일이나 중국-홍콩, 그리고 양안관계,[17] 유럽의 통합과정 등의 사례가 그대로 적용되기는 어렵다. 남북한 통합과정에서 다른 분야와 달리 법제 통합은 대단히 민감한 분야이며 통일된 한국의 주권과 정체성에 관련된 것이다. 법제 통합에서 무분별한 글로벌 거버넌스의 개입은 통일한국의 국가 입지를 어렵게 할 수 있다. 따라서 남북한 법제 통합에서는 남북이 주도하는 다양한 형태의 거버넌스가 절차에 따라 필요 시 지원하는 다층적 거버넌스 시스템(multi-level governance system) 개념으로 적정 수준에서 활용하는 것이 좋을 것이다.

4. 결론

향후 한반도에 발생 가능한 통일의 형태를 조기통일과 점진적 통일로 세분하여 법제 통합의 기본 방향과 글로벌 거버넌스의 활용에 대해 살펴보았다. 결론적으로 한반도 통일의 형태가 조기통일이든 점진적 통일이든 우리 주도에 의한 통일이 되어야 하며 법제 통합 역시 우리

---

17 중국과 대만의 분단 상황 관리 법제와 글로벌 거버넌스의 관계에 대한 내용은 윤대규·최은석, 「중국과 대만의 분단상황 관리법제 분석: 양안관계에 대한 글로벌 거버넌스의 관여」, ≪통일문제연구≫, 통권 59호(2013) 참조.

스스로 해야 할 일이다. 조기통일의 경우나 점진적 통일의 경우에도 법제 통합의 기본 원칙은 남한법의 원칙적 확장 적용과 일부 북한법의 한시적 적용, 그리고 발전된 입법으로 평가되는 북한의 법제도를 통일한국의 법체계에 수용하는 것이다. 이를 바탕으로 세부적으로 법제 통합의 절차와 구체적인 내용은 통일의 시기, 형태, 상황에 따라 달라질 수 있다.

통일의 형태가 조기통일이든 점진적 통일이든 법제 통합과 관련하여 공통적으로 발생할 수 있는 많은 법적인 문제가 있고, 분명 남북만의 노력으로 해결하기 어려운 문제들이 발생할 수 있다. 이에 따라 남북한 법제 통합 분야별로 글로벌 거버넌스의 활용에도 차이가 있을 것이다. 따라서 통일을 대비하여 법제 통합의 역량을 강화하고 효율성을 제고할 수 있는 방안들이 강구되어야 하며, 법제 통합 추진을 위한 범정부적인 기구의 구성·운영은 물론 글로벌 거버넌스 차원의 협력 강화가 동시에 이루어져야 한다. 성공적인 남북한 법제 통합을 위해서는 내부적인 하드웨어와 소프트웨어의 발전도 중요하지만 글로벌 거버넌스의 활용을 통한 외부적인 하드웨어와 소프트웨어의 개발이 병행되어야 할 것이다.

그러나 분단국가의 통일과정에서 글로벌 거버넌스의 개입이 긍정적인 면만을 가진 것은 아니다. 특히 법적인 문제에서 글로벌 거버넌스의 무분별한 활용과 의존은 다가올 통일한국의 미래에 부정적인 결과를 초래할 수 있다는 점을 분명히 할 필요가 있어 사전에 활용범위에 한계를 명확하게 인식하기 위해서라도 지속적인 추가 연구가 필요할 것이다.

참고문헌

1. 국내 문헌

1) 단행본

박명규 외. 2010. 『연성복합통일론: 21세기 통일방안구상』. 서울대학교 통일평화연구소.

윤대규·한명섭·최은석. 2011. 『남북한 법제통합에 관한 연구』. 경남대학교 극동문제연구소.

정은숙. 2012. 『글로벌 거버넌스와 국제안보: 이슈와 행위자』. 한울.

칸스(Margaret P. Karns)·밍스트(Karen A. Mingst). 2007. 『국제기구의 이해: 글로벌 거버넌스의 정치와 과정』. 김계동 외 옮김. 명인문화사.

2) 논문

박수혁. 2000. 「통일한국의 법률통합」. ≪법조≫, 제530호.

박진완. 2013. 「글로벌 거버넌스와 국제공법」. ≪법학논고≫, 제41집.

사단법인 북한민주화네트워크. 2008. 「한반도 통일방안에 대한 연구」. 국회 정보위원회 용역보고서.

윤대규·최은석. 2013. 「중국과 대만의 분단상황 관리법제 분석: 양안관계에 대한 글로벌 거버넌스의 관여」. ≪통일문제연구≫, 59호.

이규창. 2011. 「남북법제통합의 기본원칙 및 방향과 과제」. ≪저스티스≫, 제122호.

통일연구원. 2011. 「공동체 형성을 통한 통일실현 구상」. 통일부 정책연구용역과제 최종보고서.

평화재단. 2009. 「민족의 화해와 상생을 위한 통일구상: 화해상생통일론」. 『평화재단 5주년 기념식 및 기념 심포지엄 자료집』.

한반도선진화재단. 2009. 「이제는 통일이다」. 『한반도선진화재단 선진화통일정책 세미나 자료집』(2009.11.5).

2. 외국 문헌

1) 단행본

Bevir, Mark. 2009. *Key Concepts in Governance*. London: Sage.

Karns, Margaret P. and Karen A. Mingst. 2010. *International Organization: The Political and Processes of Global Governance*. Boulder, CO: Lynne Rienner Publishers.

엮은이

윤대규
미국 워싱턴대학교(University of Washington) 법학 박사
경남대학교 서울부총장, 경남대학교 극동문제연구소 소장
주요 저서: 『법사회학』(1997), 『북한 경제개혁을 위한 새로운 패러다임』(2006), 『북
　　　　한에 대한 불편한 진실』(2013) 외 다수
주요 논문: 「북한주민의 법의식 연구」(2005), 「주요 국가의 개도국에 대한 법제정비
　　　　지원사업」(2008), 「북한사회의 변천과 헌법의 변화」(2010) 외 다수

지은이(가나다순)

김근식
서울대학교 정치학 박사
경남대학교 교수
주요 저서: 『김정은시대의 정치와 외교』(2014 공저), 『대북포용정책의 진화를 위하
　　　　여』(2011) 외 다수
주요 논문: 「김정은 시대의 "김일성-김정일주의": 주체사상과 선군사상의 추상화」
　　　　(2014), 「김정은시대 북한의 정치: 지속과 변화」(2013) 외 다수

김동엽
북한대학원대학교 북한학 박사
경남대학교 극동문제연구소 조교수
주요 저서: 『동아시아 질서 변화와 한반도 미래』(공저, 2015)
주요 논문: 「북한의 군사지도·지휘체계: 당·국가·군 관계를 중심으로」(2013), 「경
　　　　제·핵무력 병진노선과 북한의 군사 분야 변화」(2015) 외 다수

김상기

미국 아이오와대학교(University of Iowa) 정치학 박사

통일연구원 부연구위원

주요 저서: 『북한 핵 개발 고도화의 파급영향과 대응방향』(공저, 2016), 『주요국의 한반도 통일연구 분석』(공저, 2016), 『동아시아 질서 변화와 한반도 미래』(공저, 2015)

주요 논문: "Third-party Intervention in Civil Wars and the Prospects for Postwar Development"(forthcoming), 「원조가 북한의 외교정책을 변화시키는가? 유엔총회 투표 자료를 이용한 실증분석」(2015), 「동아시아의 국가건설: 군사분쟁, 국가능력, 민주주의의 상관관계」(2014) 외 다수

민경배

독일 프라이부르크대학교(University of Freiburg) 법학 박사

경남대학교 극동문제연구소 연구교수

주요 저서: 『북한의 체제전환과 국제협력에 관한 법제도』(공저, 2010), 『동북아 질서에 대한 북한의 법제도적 시각』(공저, 2011) 외 다수

주요 논문: 「서구 인권사상의 역사적 발전과 현황에 대한 고찰」(2001), 「중국의 공산당정책(규범)과 국가법의 관계」(2004), 「중국의 노동법제 발전을 통해 본 북한의 노동법제 변화 전망」(2010) 외 다수

양문수

일본 도쿄대학(東京大学) 경제학 박사

북한대학원대학교 교수

주요 저서: 『북한경제의 구조: 경제개발과 침체의 메커니즘』(2001), 『북한경제의 시장화: 양태·성격·메커니즘·함의』(2010) 외 다수

주요 논문: 「북한에 대한 인도적 지원의 경제·사회적 효과」(2007), 「북한의 화폐개혁: 실태와 평가」(2010) 외 다수

한울아카데미 1936
경남대 극동문제연구소 북한연구 시리즈 47

글로벌 거버넌스와 북한의 법 체제전환 전망

ⓒ 윤대규, 2016

엮은이 | 윤대규
지은이 | 김근식 · 김동엽 · 김상기 · 민경배 · 양문수
펴낸이 | 김종수
펴낸곳 | 한울엠플러스(주)

편집책임 | 조인순
편   집 | 김영은

초판 1쇄 인쇄 | 2016년 11월 20일
초판 1쇄 발행 | 2016년 11월 30일

주소 | 10881 경기도 파주시 광인사길 153 한울시소빌딩 3층
전화 | 031-955-0655
팩스 | 031-955-0656
홈페이지 | www.hanulmplus.kr
등록번호 | 제406-2015-000143

Printed in Korea.
ISBN 978-89-460-5936-8 93340

※ 책값은 겉표지에 표시되어 있습니다.

이 저서는 2011년도 정부 재원(교육부 인문사회연구역량강화사업비)으로
한국연구재단의 지원을 받아 연구되었습니다(NRF-2011-413-B00005).